JN078786

政治学史の展開

立憲主義の源流と市民社会論の萌芽

下 條 慎 一［著］

はしがき

　第二次世界大戦後に制定された日本国憲法は，人権保障と権力分立の原理に
ささえられた憲法によって政治をおこなわなければならないという立憲主義の
系譜に属するものであり，国民主権を基礎に，自然権思想から生じた人権の観
念を導入し，権力分立原理によって統治機構を構成している。にもかかわらず，
原子力発電所や軍事基地をめぐる問題にみられるように，個人の人権にもとづ
いて国家があるのではなくて，国家のもとに個人があるという思想がなお存続
している。また，グローバル化の進展にともなって，おおくのひとがきびしい
生存競争にさらされるようになった結果，普遍的な人権よりも，ナショナルな
ものを強調する風潮が，世界的にみられるようになった。国境の壁をたかくす
るのではなくて，それをこえてすべてのひとびとの人権を保障していくことが，
めざすべき方向となろう。

　1980 年代以降，東欧諸国の民主化や西欧諸国の新自由主義による貧富の格
差の拡大などを背景に，権力を行使する「国家」とも私益を追求する「市場」
ともことなる「市民社会」が，自発的に公益を志向する領域として脚光をあび
るようになった。それはゲオルク゠ヴィルヘルム゠フリードリヒ゠ヘーゲルの
いう „bürgerliche Gesellschaft“ ではなくて「自由な意思にもとづく非国家的・
非経済的な結合関係」を核心とする „Zivilgesellschaft“ であり「共同」と「公
共」を主たる要素とする「経済と国家から区別された社会的相互作用の領域」
である。憲法にもとづいて政府に国民の人権を侵害させないだけでなく，地方

レベルから国際レベルにかけて市民社会を形成することが，重要な課題であるようにおもわれる。

　本書は古代から近代までの政治学史の展開を追究するものであるけれども，著者の問題意識は，とくに近世の市民革命期における立憲主義の源流を探究することと，近代政治思想のなかに市民社会論の萌芽をみいだして，それを現代に架橋することに重点をおいていることをおことわりしておきたい。

　本書はもともと，著者がいくつかの大学で使用した政治学史にかんする講義ノートを原型として，紀要に発表した原稿などをまとめたものである。初出は下記のとおりである。

　第Ⅰ部第1章でとりあげるプラトンもアリストテレスも，人間の魂をよいものにするために「徳」を身につけることと，ただしい国家を創出することをめざした。人間はうまれながらに「ポリス的動物」であるというアリストテレ

スのことばは，古代の政治思想の特質を端的に表現したものといえよう。同第2章では，キリスト教が強力であってローマ゠カトリック教会が絶大な権威を有した中世の政治思想について，原罪の観念を教会の正統教義にまでたかめたアウレリウス゠アウグスティヌスや「共通善」の存在を指摘したトマス゠アクィナスに焦点をあてて考察している。

第Ⅱ部は宗教改革とルネサンスを背景とするものであり，同第3章ではマルティン゠ルターの教皇批判を，同第4章ではニッコロ゠マキァヴェッリによる基本的に被治者をふくまない権力機構としての国家論を，同第5章ではトマス゠モアの被治者をふくむ人的団体としての国家論をみながら，中世からの脱却と古代への回帰の諸相をあきらかにしている。

第Ⅲ部第6章ではトマス゠ホッブズの自然権などの，同第7章ではジョン゠ロックの「固有権」などの，同第8章ではシャルル゠ルイ゠ドゥ゠モンテスキューの権力分立などの，同第9章ではジャン゠ジャック゠ルソーの人民主権などの概念に着目して，立憲主義の源流をたどっている。

第Ⅳ部第10章ではカール゠マルクスの「各人の自由な発展が万人の自由な発展の条件であるような1つの協同体」などを，同第11章ではアレクシ゠ドゥ゠トクヴィルの地方自治・陪審制・結社という「民主主義の3つの学校」などを，同第12章ではジョン゠スチュアート゠ミルの「公共精神の学校」などを，現代の市民社会論へ架橋することをこころみている。

いずれの章においても，標準的な原書と訳書にもとづいて，出典を明記している。重要語句の原語については，単数主格に統一せずにそのまま表記するとともに，古典語（ギリシア語かラテン語）のばあいは，なるべく現代語（英語か仏語）の訳語を併記するようにつとめた。歴史にかんする記述は，主として木村靖二ほか『詳説世界史：世界史B』（山川出版社，改訂版2017年）と全国歴史教育研究協議会『世界史用語集』（山川出版社，改訂版2018年）に依拠し，高等学校で世界史を十分に学習していなくても，それによって政治学史の展開を理解するのに支障をきたすことのないよう配慮した。

講義ノートを原型とする本書をこのようなかたちで公刊することができるの

は，講義の機会をあたえてくださった先生がたと，講義しやすい環境をととの
えてくださった職員のかたがたと，熱心な受講態度によって刺激をあたえてく
れた学生諸君のおかげである。出版にさいしては，エムユービジネスサポート
常務取締役の白鳥仁恵氏と武蔵野大学出版会の斎藤晃氏に大変お世話になった。

　佐竹寛先生は中央大学法学部・同大学院で政治学史研究をご指導くださった。
中村孝文先生からは武蔵野大学法学部・同大学院での研究・教育・行政にかん
して，ご高配をたまわってきた。謝意を表するとともに，お名前をあげること
のできなかったかたがたにおわびもうしあげたい。最後に妻の奈津子に感謝し
たい。

　2020 年 10 月

著　　者

目　次

第8章　モンテスキュー···99

古代・中世

[第1章]

プラトンとアリストテレス

はじめに

　紀元前8世紀にギリシア各地では，ひとびとがアクロポリス（城山）を中心に集住してポリス（国家）を形成した。その住民は市民（貴族・平民）と奴隷から構成される。貴族はよい血統をもつ富者であり，騎馬戦士として国防の主力をになった。平民も貴族とおなじく，土地や奴隷を所有する独立した存在であった。奴隷とされたのは，戦争捕虜などであった。ポリスは城壁でかこまれた市域と周囲の田園からなりたっていた。

　ポリスのなかで奴隷制度がもっとも発達したアテネでは，奴隷が総人口の3分の1をしめ，家内奴隷・農業奴隷などとして使用された。平民である農民のなかには，余剰の農産物を売却して裕福になるものが出現した。かれらは武具を自費で購入して参戦し，重装歩兵部隊を結成して，騎馬戦士である貴族にかわって軍隊の主力となった。国防において重要な役割をはたすようになった平民は，参政権を要求して貴族と対立した。

　アテネでは前7世紀に法律を成文化した。前6世紀には，血統ではなくて財産の多寡を基準として市民に参政権を付与するとともに，僭主（非合法な手段によって政権を掌握する独裁者）の出現を阻止するための陶片追放制度（僭主になりそうな人物名を陶器の破片に記入して投票し，最多得票者を国外に追放する制度）を創設した。前5世紀になると，ペルシア戦争に勝利したときに軍船のオールをうごかして戦果をあげた無産市民の発言力が増大した。ペリクレス将軍のもとでは，民会（成年男性市民の全体集会）が多数決で国策を決

定し，市民から抽選された役人が 1 年ごとに行政をおこなった。裁判では，おなじく抽選された裁判員が投票によって判決をくだした。政治家や役人の不正にたいしても，市民が弾劾裁判をおこなった。前 429 年にペリクレスがなくなったあと，アテネは有能な戦争指導者が欠如した結果，前 404 年にペロポネソス戦争でスパルタに敗北し，前 337 年にはマケドニアのフィリッポス 2 世に支配された。その子アレクサンドロス大王（在位前 336 - 前 323 年）は東方遠征後，大帝国を形成した。本章はプラトンとアリストテレスに焦点をあてて，古代政治思想の特質を究明するものである。

1　プラトン

　プラトンは前 427 年，アテネの名門貴族の家庭にうまれた。ペロポネソス戦争後に寡頭制のもとで恐怖政治がおこなわれたことや，その後，民主制のもとで師ソクラテスが政治家たちの無知を公衆の面前であきらかにしたことによって憎悪され刑死したことを経験したのちに，学園アカデメイアを創設して研究・教育に従事した。『国家：正義について』などの著作をのこして前 347 年に死去した。

　『国家』は登場人物による対話形式を採用した作品である。そのなかで弁論家トラシュマコスは，ただしいこととは強者の利益にほかならないとのべている[1]。かれによれば，支配階級は自分の利益にあわせて法律を制定し，それが被支配者にとってただしいことであると宣言する[2]。それにたいしてプラトンは主人公ソクラテスに，支配者とは本来，被治者の利益をめざして行動するものであると反論させている[3]。

　プラトンは最初に国家における正義を，つぎに個人における正義を，探究しようとした[4]。ただしい国家とは「知恵」があり「勇気」があり「節制」をもち「正義」をそなえているものであった[5]。すなわち知恵をもつ守護者（支配者）と，勇気をもつ補助者（軍人）と，節制をたもつ生産者が自分自身の仕事をおこなうことが正義であり，それによってただしい国家がなりたつ[6]。個

人についても同様である [7]。すなわち魂における理知・気概・欲望という3つの部分において，それぞれ知恵があり勇気があり節制をたもつことが正義であり，それによってただしい個人がうまれる [8]。プラトンは「国制（πολιτείας / constitution）」について，すぐれた支配者が1名であれば「王制」と，複数であれば「優秀者支配制（ἀριστοκρατία / aristocracy）」と，それぞれ呼称している [9]。これら以外は，堕落した国制である [10]。かれの国制論は，最善のポリスと健康な魂のすがたを理解させるために展開したものであって，支配者の人数を基準として分類したものではない [11]。したがって，王制と優秀者支配制の区別は本質的な意味をもたない [12]。

　プラトンによれば，王制と優秀者支配制の守護者が所有してよいのは自己の身体だけであって，ほかのすべてのものは共有とされる [13]。それによって，金銭や家族をもつことから生じる不和をまぬがれることが期待された [14]。哲学者が王となるか，王が哲学を研究して，政治権力と哲学が一体化しなければ，何人も個人としても国家の一員としても幸福を達成することができない [15]。哲学を研究しうるのは，記憶力がよくて博学・高潔・優雅にして真理・正義・勇気・節制を愛するものだけであった [16]。かれが習得しなければならないもっとも重要なことは「善の実相（ἀγαθοῦ ἰδέα / Form of the Good）」であった [17]。

　そのための教育にかんするプラトンの比喩によれば，地下の洞窟にいる人間が奥の壁をむいて束縛され，かれらの上方に火がもえている [18]。そのような囚人は洞窟の壁に火の光で投影される影だけをみて，それを真実であるとかんがえている [19]。そこからのぼって上方の事物をみることは，魂が知的世界へ上昇することを意味する [20]。その最後に善の実相を看取することができる。新国家の建設にさいしては，もっともすぐれた資質をもつものが善の実相をみてから，囚人のいるところにもどらなければならなかった [21]。それによって，正常な統治がおこなわれる [22]。大多数の国家では，支配者が権力をもとめて抗争している。しかるに，支配者がそうすることをもっとものぞまない国家こそが，もっともよいものであった [23]。かれらに必要な学問は「算術 [24]」「幾何

学 25)」「立体〔幾何学〕26)」「天文学 27)」「和声学 28)」「問答法 (διαλεκτικὴν /
dialectic)29)」であった。なお，これらは中世に西ヨーロッパで誕生した大学
の基礎科目であるリベラル゠アーツ（自由な学芸）の源流に位置づけられる。
「自由な」の対義語は「奴隷的な」ということばである 30)。たとえば，奴隷的
な仕事とは機械的な，精神がほとんど関与しないものである 31)。それにたい
して，リベラル゠アーツは精神・理性・内省の機能を必要とするものであ
る 32)。

　プラトンが王制・優秀者支配制以外の国制としてあげているものの第 1 は，
名誉を愛する国制すなわち「名誉支配制」である 33)。そこでは支配者が言論
の能力ではなくて，戦争での実績にもとづいて名誉を希求していた 34)。第 2
は「寡頭制」である 35)。これは富者が支配する国制であり，かれらは「徳
(ἀρετὴν / virtue)」よりも富を尊重していた 36)。徳とはすぐれた人間の特質を，
具体的には前述の知恵・勇気・節制・正義などを意味する。第 3 は貧者が富
者を殺害・追放して，のこりのひとびとが平等に支配する国制すなわち「民主
制 (Δημοκρατία / democracy)」である 37)。かれらは自由である 38)。しかし，
欲望にふけって人生をおくる 39)。第 4 は「僭主制 (τυραννίς / tyranny)」で
ある 40)。これは民主制から変化して生じる国制であり，民衆の指導者がある
同胞を不正に追放・処刑しながら，ほかの同胞には負債の消滅や土地の再配分
をほのめかして僭主となるものである 41)。こうした記述からは，民主制のも
とで政治家が民衆に迎合して権力を維持し，やがて独裁者となることにたいす
るプラトンの警告をよみとることができよう 42)。

　かれによれば，王・優秀者こそがもっとも優秀・正当・幸福であり，僭主こ
そがもっとも劣悪・不正・不幸であった 43)。思慮・徳と無縁の饗宴などに時
間をついやすものは，家畜のように食欲・性欲を充足させようと，たがいにあ
らそうだけだからである 44)。かれらの魂は死後の世界で，生前の罪業のため
に罰をうける 45)。魂は不死のものであり，人間は正義と思慮を追求すれば，
現世においても来世においても幸福であろう 46)。

2 アリストテレス

　アリストテレスは前384年にマケドニアでうまれた。17歳のときにアテネでプラトンの学園アカデメイアに入学する。プラトンの死後にアテネを出国し，マケドニアの王子（アレクサンドロス大王）の家庭教師となる。その後，アテネにもどって学園リュケイオンを開設した。『政治学』などの著作をのこして前322年に死去した。

　アリストテレスによれば「家」とは日々の生活のために自然にもとづいて構成された共同体である[47]。「村」とは複数の家からなる，日々の生活に限定されない必要のための共同体である[48]。「国家（πόλις / cité）」とは複数の村からなる，あらゆる自足の要件をみたした完全な共同体である。人間はうまれながらに「ポリス的動物（πολιτικὸν ζῷον / animal politique）」である[49]。その理由は，ことばをもっていることに存する[50]。もっとも，人間は徳がなければ，性欲・食欲のみをみたそうとする劣悪な存在となる[51]。

　市民（πολίτης / citoyen）とは裁判員・民会員という公職にあずかるものをさす[52]。その仕事は国制を安全にたもつことである[53]。国制とは，国家のさまざまな公職の組織を意味する[54]。ただしい国制とは共通の利益を，逸脱した国制とは支配者自身の利益だけを，それぞれ目的とするものである[55]。ただしい国制のうち，支配者が単独であれば「王制」，少数であれば「優秀者支配制」，多数であれば「共和制（πολιτεία）」となる[56]。逸脱した国制のうち，支配者が単独であれば「僭主制」，少数であれば「寡頭制」，多数であれば「民主制」となる[57]。もっともアリストテレスによれば，法律をただしく制定しているかぎり，法律こそが最高の権限をもつべきであって，支配者は単独であれ複数であれ，法律によって厳密に規定することができないことがらにかんしてのみ権限をもつべきであった[58]。法律による支配が知性にもとづくのにたいして，人間による支配は野獣のような欲望にもとづく可能性を有していた[59]。ここに哲学を研究した王に期待するプラトンとことなる人間観をうかがうことができよう[60]。とはいえ，アリストテレスは王がほかのひとびとよ

りも徳にかんして傑出しているばあいには，王制がよいとのべている[61]。したがって，法治のみを統治の普遍的原理とみなしていたわけではない[62]。

　アリストテレスは国制にあわせて法律をさだめるべきであって，その逆ではないとのべている[63]。国制が国家のさまざまな公職の組織であるのにたいして，法律とは支配者がそれにしたがって支配し，無法者を監視するものであった。逸脱した国制のうち最悪なのは僭主制で，そのつぎが寡頭制で，民主制はもっとも穏当なものであった[64]。寡頭制とは少数の富者が，民主制とは多数の自由な貧者が，それぞれ権力を掌握する国制である[65]。優秀者支配制とは徳に応じて公職を配分するものである[66]。優秀者支配制は徳を，寡頭制は富を，民主制は自由を，それぞれ基準とする国制であった。

　国家は富者・貧者・中間層から構成される[67]。富者が貧者を軽蔑して後者が前者に嫉妬する国家は，友愛にもとづく共同体とはならない[68]。中間層の統治する「中間の国制」が最善である[69]。中間層のあついところでは，市民間の内乱・軋轢がもっともすくないからである。しかるに，大多数の国制は寡頭制か民主制であった。中間層がうすかったためである。たとえばアテネは民主制で，スパルタは寡頭制であった。最善の国制にもっともちかいのは[70]，アリストテレスが明示しているわけではないけれども，上記の分類にしたがえば共和制となろう。

　中間層からなる国制は寡頭制よりも民主制に近似し，もっとも安定している[71]。共和制は優秀者支配制よりも安定している[72]。共和制のもとで多数者はたがいにひとしいものをもつことで満足するのにたいして，優秀者支配制のもとで少数者は優越した地位にたって傲慢になることがあるからである。もっとも，あらゆる国制において重要なのは，公職が役得をうまないように，法律等を整備することであった[73]。同時に，公職につくものは国制への愛着と，卓越した能力と，徳と正義をそなえていなければならなかった[74]。なかでも徳をもち自己抑制をして公益を追求することが重要であった[75]。

　アリストテレスの定義する最善の生活とは，外的な善・身体の善・魂の善をすべてそなえているものであった[76]。もっとも，魂の善である徳については，

その一部をもってさえいれば十分であるとみなすのに，外的な善である財産や金銭などにたいしては，かぎりなく贅沢をもとめるものもいた[77]。しかるに，幸福な生活は，外的な善の獲得を適度にして，性格と思考を卓越するまで練磨することに存する[78]。各人は徳と思慮とそれらにもとづく行為に応じて幸福にあずかることができる[79]。また，幸福な国家とは最善の国家，うつくしくふるまう国家を意味する[80]。徳と思慮がなければ，個人も国家もうつくしい行為をすることはできない。個人にとっての最善の生活も，国家にとっての最善の活動も，徳とそれにかなった行為をするための外的な善を必要とする[81]。この点において，個人の幸福と国家の幸福は同一であった[82]。個人が徳を行使するには，国家が教育と公共のことがらにかんする訓練を実施する必要があった[83]。

おわりに

　プラトンもアリストテレスも，人間の魂をよいものにするために徳を身につけることと，ただしい国家を創出することをめざした。もっとも，すでにみてきたとおり，プラトンは『国家』の結末で，魂が不死のものであり，人間が正義と思慮を追求すれば，現世においても来世においても幸福であろうとのべている。これはプラトンの究極的な関心が，国家よりも魂の運命にあったことを示唆している[84]。

　人間がうまれながらにポリス的動物であるというアリストテレスのことばは，古代の政治思想の特質を端的に表現したものといえよう。その後世への影響は，キリスト教が強力であってローマ゠カトリック教会が絶大な権威を有した中世のトマス゠アクィナスから明白に看取されることとなろう。

1)　　Plato, *Republic*, 338c, Chris Emlyn-Jones and William Preddy ed., *Plato*, Vol. V (Cambridge, Mass. : Harvard University Press, 2013), pp. 48-49. 藤沢令夫訳『国家：正義

について」『プラトン全集 11』（岩波書店，1976 年）54 頁。

2）　*Ibid.*, 338e, pp. 50-51. 56 頁。

3）　*Ibid.*, 342e, pp. 66-67. 67 頁。

4）　*Ibid.*, 369a, pp. 160-161. 131 頁。

5）　*Ibid.*, 427e, pp. 372-373. 280-281 頁。

6）　*Ibid.*, 434c, pp. 398-399. 299 頁。

7）　*Ibid.*, 435c, pp. 400-401. 301 頁。

8）　*Ibid.*, 441a, pp. 424-425. 317 頁。

9）　*Ibid.*, 445d, pp. 442-443. 330 頁。

10）　佐々木毅『プラトンと政治』（東京大学出版会，1984 年）220 頁。

11）　同上 220-221 頁。

12）　同上 221 頁。

13）　Plato, *Republic*, 464d, pp. 506-507. 藤沢訳 372 頁。

14）　*Ibid.*, 464e.

15）　*Ibid.*, 473c-e, pp. 538-541. 394-395 頁。

16）　*Ibid.*, 487a, Chris Emlyn-Jones and William Preddy ed., *Plato*, Vol. VI (Cambridge, Mass. : Harvard University Press, 2013), pp. 14-15. 426 頁。

17）　*Ibid.*, 505a, pp. 78-79. 470 頁。

18）　*Ibid.*, 514a-b, pp. 106-107. 492 頁。

19）　*Ibid.*, 515a-c, pp. 108-109. 493-494 頁。

20）　*Ibid.*, 517b, pp. 116-117. 498 頁。

21）　*Ibid.*, 519c-d, pp. 124-125. 503-504 頁。

22）　*Ibid.*, 520c, pp. 126-127. 506 頁。

23）　*Ibid.*, 520d.

24）　*Ibid.*, 522c, pp. 134-135. 511 頁。

25）　*Ibid.*, 526c, pp. 148-149. 522 頁。

26）　*Ibid.*, 528a, pp. 156-157. 527 頁。

27）　*Ibid.*, 528e, pp. 158-159. 528 頁。

28）　*Ibid.*, 531a, pp. 166-167. 534 頁。

29）　*Ibid.*, 532b, pp. 170-171. 537 頁。

30）　Newman, John Henry (Frank M. Turner ed.), *The Idea of a University* (New Haven, Conn. : Yale University Press, 1996), p. 80. 田中秀人訳『大学で何を学ぶか』（大修館書店，1983 年）15 頁。

31）　*Ibid.*, pp. 80-81.

32) *Ibid.*, p. 81.

33) Plato, *Republic*, 545b, pp. 210-211. 藤沢訳 565 頁。

34) *Ibid.*, 549a, pp. 224-225. 574 頁。

35) *Ibid.*, 550c, pp. 230-231. 578 頁。

36) *Ibid.*, 550c-e, pp. 230-233. 578-579 頁。

37) *Ibid.*, 557a, pp. 254-255. 595 頁。

38) *Ibid.*, 557b, pp. 256-257. 596 頁。

39) *Ibid.*, 561c, pp. 272-273. 606 頁。

40) *Ibid.*, 562a, pp. 274-275. 608 頁。

41) *Ibid.*, 565e-566a, pp. 290-291. 618 頁。

42) 佐々木毅『プラトンの呪縛：二十世紀の哲学と政治』（講談社，2000 年）363-365 頁。

43) Plato, *Republic*, 580b-c, pp. 340-343. 藤沢訳 653 頁。

44) *Ibid.*, 586a-b, pp. 364-367. 671 頁。

45) *Ibid.*, 614c-615a, pp. 464-467. 742-743 頁。

46) *Ibid.*, 621c-d, pp. 486-489. 758 頁。

47) Aristote, *Politique*, 1252b, *Politique*, Tom. I, texte établi et traduit par Jean Aubonnet (Paris : Les Belles Lettres, 1960), p. 13. 神崎繁・相澤康隆・瀬口昌久訳『政治学』『アリストテレス全集 17』（岩波書店，2018 年）21 頁。

48) *Ibid.*, pp. 13-14.

49) *Ibid.*, 1253a, p. 14. 23 頁。

50) *Ibid.*, p. 15. 24 頁。

51) *Ibid.*, p. 16. 26 頁。

52) *Ibid.*, 1275a, *Politique*, Tom. II-I, texte établi et traduit par Jean Aubonnet (Paris : Les Belles Lettres, 1971), p. 53. 130 頁。

53) *Ibid.*, 1276b, pp. 58-59. 138 頁。

54) *Ibid.*, 1278b, pp. 64-65. 145 頁。

55) *Ibid.*, 1279a, p. 67. 148 頁。

56) *Ibid.*, pp. 67-68. 149 頁。

57) *Ibid.*, 1279b, p. 68. 150 頁。

58) *Ibid.*, 1282b, p. 78. 163 頁。

59) *Ibid.*, 1287a, p. 95. 184 頁。

60) 岩田靖夫『アリストテレスの政治思想』（岩波書店，2010 年）45-46 頁。

61) Aristote, Politique, 1288a, p. 99. 神崎・相澤・瀬口訳 188 頁。

62) 荒木勝『アリストテレス政治哲学の重層性』（創文社，2011 年）248-250 頁。

63) Aristote, *Politique*, 1289a, p. 146. 神崎・相澤・瀬口訳 194 頁。

64) *Ibid.*, 1289b, p. 147. 196 頁。

65) *Ibid.*, 1290b, p. 151. 201 頁。

66) *Ibid.*, 1294a, p. 164. 215 頁。

67) *Ibid.*, 1295b, p. 169. 222 頁。

68) *Ibid.*, p. 170. 223 頁。

69) *Ibid.*, 1296a, p. 171. 224 頁。

70) *Ibid.*, 1296b, p. 172. 226 頁。

71) *Ibid.*, 1302a, *Politique*, Tom. II-II, texte établi et traduit par Jean Aubonnet (Paris : Les Belles Lettres, 1973), p. 45. 252 頁。

72) *Ibid.*, 1307a, p. 62. 280 頁。

73) *Ibid.*, 1308b, p. 68. 287 頁。

74) *Ibid.*, 1309a, pp. 69-70. 289 頁。

75) *Ibid.*, 1309b, p. 70. 290 頁。

76) *Ibid.*, 1323a, *Politique*, Tom. III-I, texte établi et traduit par Jean Aubonnet (Paris : Les Belles Lettres, 1986), p. 58. 354 頁。

77) *Ibid.*, p. 59.

78) *Ibid.*, 1323b, p. 59. 355-356 頁。

79) *Ibid.*, p. 60. 356 頁。

80) *Ibid.*, p. 61. 356-357 頁。

81) *Ibid.*, 1323b-1324a. 358 頁。

82) *Ibid.*, 1324a, p. 62.

83) *Ibid.*, 1337a, *Politique*, Tom. III-II, texte établi et traduit par Jean Aubonnet (Paris : Les Belles Lettres, 1989), p. 28. 416 頁。

84) 佐々木『プラトンと政治』235 頁。

[第2章]

アウグスティヌスとトマス

はじめに

　紀元前1500年ころ，ユダヤ人はパレスチナに定住した。しかし，その一部はエジプトに移住し，そこで圧政にくるしみ，前13世紀ころ，預言者モーセにひきいられてパレスチナに脱出した（出エジプト）。かれらの王国はイスラエル王国とユダ王国に分裂したあと，前者は前722年にアッシリアによって滅亡させられた。後者は新バビロニアによって征服され，その住民のおおくが前586年，首都バビロンにつれさられた（バビロン捕囚）。前539年にペルシア帝国が新バビロニアを滅亡させると，その翌年にユダヤ人は解放されて帰国し，ユダヤ教を確立した。それは自分たちが唯一神ヤハウェにえらばれたものであるという選民思想であり，救世主の出現を待望する信仰であり，その教典は『旧約聖書』である。モーセが神からさずかったユダヤ教の基本戒律は下記の十戒である。

① ほかの神々がわたくしの面前にあってはならない。
② 自分のために像をつくってはならない。
③ 神の名をむなしいことのためにとなえてはならない。
④ 安息日をおぼえて聖別しなさい。
⑤ 父母を尊重しなさい。
⑥ ひとを殺害してはならない。
⑦ 姦淫してはならない。

⑧　窃盗してはならない。

⑨　隣人にたいして虚偽の証言をしてはならない。

⑩　隣人の家屋をほしがってはならない [1]。

　1世紀にローマ帝国が支配していたパレスチナでは，ユダヤ教の指導者がローマの支配を容認し，貧困にくるしむ民衆の期待にこたえようとしなかった。これを批判して神の国の到来と最後の審判を約束したイエスは民衆によって救世主と信じられたけれども，ユダヤ教の指導者からはローマにたいする反逆者とみなされ，30年ころ十字架にかけられ処刑された。しかし，イエスの弟子たちはかれの死を，人間の罪をあがなう行為とみなす信仰をうみだし，キリスト教が成立する。パウロは神の愛がユダヤ人以外にもおよぶとかんがえてローマ帝国各地に布教し，キリスト教は帝国全土にひろがった。その教典は『旧約聖書』と『新約聖書』である。

　キリスト教徒は唯一絶対神を信じてローマ皇帝にたいする礼拝を拒否したため，迫害されたにもかかわらず，増加しつづけた。313年にコンスタンティヌス1世は，その信仰を禁止しつづければ帝国の統一を維持しえないと判断して，キリスト教を公認した。325年に同皇帝がニケーアで開催した公会議（全教会の代表者会議）は，キリストを神と同一視するアタナシウス派を正統教義とし，キリストを人間とみなすアリウス派を異端とした。392年，テオドシウス1世はアタナシウス派キリスト教を国教とし，ほかの宗教を厳禁した。このようにキリスト教が国家権力と結合することによって，ローマ＝カトリック教会の組織化がすすむなかで，教父とよばれるアウレリウス＝アウグスティヌスが正統教義の確立につとめた。本章は主としてアウグスティヌスとトマス＝アクィナスに焦点をあてて，中世の政治思想について考察するものである。

1　アウグスティヌス

　354年，アウグスティヌスは北アフリカにおけるローマ帝国の属州ヌミディ

アにうまれた。369 年より放縦な生活をはじめ，翌 370 年から女性と同棲し，372 年に息子をもうける。386 年に回心したあと，396 年から 430 年に死去するまで同地で司教をつとめた。代表的な著作は『告白』（400 年ころ）や『神の国』（426 年）などである。

アウグスティヌスはみずからの放蕩の経験もあって，罪の意識をつよくもっていた。かれによれば，神のまえで罪にそまっていないものはなく，うまれたばかりの幼児も罪をまぬがれなかった [2]。『旧約聖書』の創世記によれば，神が最初に創造した人間アダムとエバは禁断の木の実を食したことによって楽園から追放された（失楽園）[3]。その罪が遺伝によって子孫である全人類におよんでいるという原罪の観念を，正統教義にまでたかめたのはアウグスティヌスである [4]。

アウグスティヌスは謙虚なひとびとからなる「神の国」が，高慢なひとびとからなる「地の国」に勝利することを確信していた [5]。両者は現世において併存しているけれども，最後の審判後には神の国のみが永遠に存続し，地の国は滅亡する [6]。かれは，真の正義がキリストの建設・支配する国家のみに存するとのべて，地上の国家や権力を相対化している [7]。

原罪にかんするアウグスティヌスの解釈によれば，神は人間をただしいものとして創造したけれども，人間はみずからすすんで堕落して罰せられ，おなじように堕落して罰せられる子孫をうんだ [8]。すなわちアダムとエバが禁断の木の実を食するという自由意志の悪用から，一連の惨禍が生じた [9]。地の国は「肉」にしたがっていきることをえらぶ人間の国であり，神の国は「霊」にしたがっていきることをえらぶ人間の国である [10]。神の国は敬虔なひとびとの社会であり，地の国は不敬虔なひとびとの社会である [11]。前者においては神への愛が，後者においては自己愛が，それぞれ優先する。地の国をつくるのは神を軽蔑するにいたる自己愛であり，神の国をつくるのは自己を軽蔑するにいたる神への愛である [12]。前者が人間からの栄光をもとめるのにたいして，後者にとっては神が良心の証人であり，最大の栄光である。

神の国で神にしたがっていきるひとびとは永遠に神とともに支配すること

が，地の国で人間にしたがっていきるひとびとは悪魔とともに永遠の罰に服することが，それぞれ予定されている[13]。地の国は永久につづくものではない[14]。それは，喧嘩や戦争や闘争によって死をもたらす勝利を追求する。しかるに，神の国における勝利は，永遠にして最高の平和のなかに獲得される[15]。

信仰によっていきるのではない地の国は地上の平和を欲求し，支配するものと服従するものの和合を志向する[16]。信仰によっていきる神の国のひとびとも，現世においては地上の平和を必要とするので，生命を維持するために地の国の法律にしたがう。もっとも，それが敬虔と宗教を妨害しないかぎりにおいてである[17]。かれらにとっては，地上の平和を天上の平和にもたらすことが重要であった。したがって，アウグスティヌスの国家とはプラトンやアリストテレスがめざした市民を有徳な人間へと完成させる倫理的共同体ではなくて，堕罪的人間の相互破滅を阻止するためのものにすぎなかった[18]。神の罰をうける地の国のひとびとは，神の恩恵をうける神の国のひとびとよりもおおい[19]。けれども，すべてのひとが神の国へいたることを目標とすべきであった[20]。

2 中世の西ヨーロッパ

375年にゲルマン人の大移動がはじまったため，ローマ帝国は混乱し，395年にコンスタンティノープル（イスタンブル）を首都とする東ローマ帝国（ビザンツ帝国）と，ローマを首都とする西ローマ帝国に分裂した。ゲルマン人は410年にローマを略奪し，476年に西ローマ帝国を滅亡させ，481年にフランク王国を建国した。800年には，西ヨーロッパの主要部分を統一した同国のカール大帝にたいして，カトリック教会の最高位にある教皇レオ3世がローマ皇帝の帝冠をあたえ「西ローマ帝国」の復活を宣言した。その後，同帝国は東フランク（ドイツ）・西フランク（フランス）・イタリアにわかれた。962年に東フランクではオットー1世が教皇からローマ皇帝の帝冠をうけて，神聖ロ

ーマ帝国が誕生した。

　西ヨーロッパでは，ゲルマン人の大移動後もつづいた外部勢力の侵入から生命・財産をまもるために，弱者が強者に保護をもとめるようになった。そこで，主君が家臣に封土（領地）をあたえて保護するかわりに，家臣は主君にたいして軍事的奉仕の義務をおう封建的主従関係がうまれた。かれらは自己の所有する荘園で，領主として農民を支配した。農民は農奴と呼称され，移動の自由をもたず，生産物を地代として領主におさめなければならなかった。荘園を経済的基盤として，そのうえに封建的主従関係をもつ封建社会は10・11世紀に成立し，中世西ヨーロッパの基本構造となった。封建社会では王権が貧弱であって統一的権力を有することができなかったのにたいして，カトリック教会は中世の西ヨーロッパ全体に普遍的な権威をおよぼした。教皇権は王権よりも強力となり，13世紀に絶頂に達した。

　1000年ころから西ヨーロッパは，農業技術の進歩によって生産が増大し，人口も増加した結果，外部に拡大しはじめた。1095年に教皇ウルバヌス2世はクレルモン宗教会議を招集して，イスラーム勢力にうばわれた聖地イェルサレムを回復するための聖戦を提唱した。これにもとづいて13世紀まで十字軍が派遣されたけれども，最終的に回復することはできなかった。その間，交通の発達にともなう遠隔地貿易をとおして発展する都市が出現した。中世の都市は封建領主の保護と支配をうけていたけれども，11・12世紀以降，商工業の発達にともなって自治権を獲得し，自治都市になった。その周囲は城壁でかこまれ，市民は封建的束縛をうけないですんだため，荘園から農奴が自由をもとめて都市に流入することもあった。

　1300年ころから封建社会は衰退にむかう。商業と都市が発展して貨幣経済が浸透すると，荘園にもとづく経済体制は崩壊しはじめた。農民は市場で生産物を売却し，地代をおさめたのこりの貨幣を貯蓄して経済力を向上させた。イギリスでは農奴が領主の束縛から解放され，独立自営農民（ヨーマン）となった。十字軍の失敗により教皇権が衰退しはじめると，各国の王権が伸長するようになった。14世紀にはフランス国王フィリップ4世が教皇庁を南フランス

のアヴィニョンにうつして，教皇を支配することもおきた（教皇のバビロン捕囚）。

　約言すれば，西ヨーロッパの中世はキリスト教が強力だった時代であり，カトリック教会が絶大な権威を有した。修道院では修道士が服従・清貧・貞潔という厳格な戒律をまもってくらした。12世紀の西ヨーロッパでは，十字軍を契機として東方との交流がさかんになったため，ビザンツ帝国やイスラーム圏からギリシアの古典が流入した。信仰の論理化をめざしたスコラ学——スコラとは教会・修道院に付属する学校を意味した——は，アリストテレス哲学の影響をうけたトマスによって教皇権の理論的支柱となった。

3 トマス

　1225年ころ，トマスはイタリアのアクィノ近郊の領主のもとにうまれた。1243年，ドミニコ会（托鉢修道会）に入会する。1245年からパリ大学で神学をまなび，1256年に同大学教授に就任した。それは世俗権力や教会権力からの自立を不断にはかってきた在俗の教授団が，教皇の権威を優先させる托鉢修道会の教授にたいして反感・敵意をいだくなかでおこなわれた[21)]。前者は後者を教皇庁による大学支配の手先として，敵対視していた[22)]。1265年に『神学大全』の執筆を開始して未完のまま，1274年に死去した。

　『神学大全』におけるアリストテレスの影響は「人間がうまれながらに社会的動物である[23)]」という文言に明白に看取されよう。もっとも，トマスによれば，多数のひとびとの社会生活は「共通善（bonum commune / common good）」を意図するなにものかが統括してはじめて成立しうる。共通善とは，宇宙の創設者にして統治者たる神自身の善性であり，全宇宙の善である[24)]。

　トマスの定義するところによれば，法とは共同体に配慮するものが制定・公布した理性による共通善への秩序づけである[25)]。それは永遠法・自然法・人定法・神法からなる。永遠法とは，宇宙の支配者としての神による事物の統治理念であって，永遠的なものである[26)]。自然法とは，理性的被造物すなわち

人間が分有する永遠法であり，それによって善悪を判別する自然的理性の光である[27]。人定法とは，人間理性の創出した秩序づけを意味する[28]。神法とは，自然法と人定法のほかに人間の生活をみちびくために必要な法である[29]。人定法は人間の外面的な行為を規制することができるけれども，その内心をただしいものにして「徳」を完成させるには，神法が補足しなければならなかった[30]。神法を構成するのは『旧約聖書』と『新約聖書』である[31]。

　トマスにたいするアリストテレスの影響は，1267 年ころに執筆した『君主の統治について』にもうかがえる。同書によれば，人間はうまれながらに，ほかのすべての動物よりも，集団のなかで生活する「社会的・政治的動物」である[32]。人間は理性を駆使して食物等を確保しうるけれども，単独で調達することはできない。したがって，人間は仲間とともにいきていくのが本性にかなっている。もっとも，各人が自己利益のみを追求して，集団の共通善に配慮するものがいなければ，その集団は崩壊する[33]。集団を形成するひとびとの目的は，徳にしたがっていきることである[34]。かれらが集合するのは，独力でいきるのでは達成しえないこと，すなわちともによくいきることのためである。よくいきるというのは，徳にしたがうことである。社会生活をおくることの最終目標は，有徳な生活をとおして，神を享受することである。こうした政治思想はアウグスティヌスの堕罪的人間観と非常にことなるものであった[35]。

おわりに

　西ヨーロッパでは 12 世紀ころから大学が誕生した。当時，既存の社会にたいする批判がひろがるなかで，その中心をなしたのは，放浪者であった[36]。人口の増加・商業の発展・都市の建設が封建体制を崩壊させつつあったときに，かれらは路上にでて，広場に落伍者・勇者・貧者をあつめた。かれらが保守的なひとびとから非難されたのは，既存の体制から逸脱したためであった。中世盛期は各人をそれぞれの地位・義務・秩序・身分に拘束しようとした。しかし，かれらは都市の学校で貧困学生の集団を形成した。住所不定の聖職禄をもたな

い貧困学生は知的冒険にでて，気にいった教師のあとについて，都市から都市
へと移動し教育をうけた。こうした 12 世紀に特有の放浪学生の一団が，今日
の大学の起源の 1 つであった。パリ大学も各地から自由な学知をもとめてき
た学生や教師の集団からなるものであった[37]。

　けれども，13 世紀から在俗教師にかわって教皇の味方する托鉢修道士がつ
ぎつぎに大学教授になると，14・15 世紀には托鉢修道会や教皇庁との緊張関
係をうしない，学位を取得してカトリック教会で出世することに熱中して，凋
落することとなった[38]。

　476 年における西ローマ帝国の滅亡までを古代と区分するならば，アウグス
ティヌスはその末期の思想家と位置づけられる。かれの思想はトマスのスコラ
学とともに，カトリック教会が絶大な権威を有した中世西ヨーロッパの支柱と
なった。やがてカトリック教会の内包する問題があきらかになり，それにたい
する批判がたかまって，宗教改革がひろがるのは近世をまたなければならなか
った。

1)　"The Book of Exodus," 20 : 3-17, Herbert Marks ed., *The Old Testament* (New York,
　　N.Y. : W. W. Norton, 2012), pp. 148-149. 木幡藤子・山我哲雄訳「出エジプト記」『旧約聖
　　書 I』（岩波書店，2004 年）208-210 頁。

2)　Augustinus, Aurelius, *Les confessions*, M. Skutella éd., *Œuvres de Saint Augustin*,
　　Vol. XIII （[Paris] : Desclée de Brouwer, 1962), pp. 290-291. 宮谷宣史訳『告白録（上）』『ア
　　ウグスティヌス著作集第 5 巻 I』（教文館，1993 年）45 頁。

3)　"The Book of Genesis," 3 : 1-24, H. Marks ed., *op. cit.*, pp. 19-21. 月本昭男訳「創世記」
　　『旧約聖書 I』7-9 頁。

4)　柴田平三郎『アウグスティヌスの政治思想：『神国論』研究序説』（未来社，1985 年）
　　206 頁。

5)　Augustinus, A., *La Cité de Dieu*, B. Dombart et A. Kalb éd., *Œuvres de Saint Augustin*,
　　Vol. XXXIII （[Paris] : Desclée de Brouwer, 1959), pp. 190-193. 赤木善光・泉治典・金子晴
　　勇訳『神の国（1）』『アウグスティヌス著作集第 11 巻』（教文館，1980 年）23-24 頁。

6)　*Ibid.*, pp. 300-301. 96 頁。

7)　*Ibid.*, pp. 376-377. 144 頁。柴田『アウグスティヌスの政治思想』334 頁。

8)　Augustinus, A., *La Cité de Dieu*, B. Dombart et A. Kalb éd., *Œuvres de Saint Augustin*, Vol. XXXV ([Paris] : Desclée de Brouwer, 1959), pp. 282-285. 泉治典訳『神の国（3）』『アウグスティヌス著作集第 13 巻』（教文館，1981 年）177 頁。

9)　*Ibid.*, pp. 284-285.

10)　*Ibid.*, pp. 350-351. 212 頁。

11)　*Ibid.*, pp. 414-415. 247 頁。

12)　*Ibid.*, pp. 464-465. 277 頁。

13)　*Ibid.*, B. Dombart et A. Kalb éd., *Œuvres de Saint Augustin*, Vol. XXXVI ([Paris] : Desclée de Brouwer, 1960), pp. 34-35. 大島春子・岡野昌雄訳『神の国（4）』『アウグスティヌス著作集第 14 巻』（教文館，1980 年）24 頁。

14)　*Ibid.*, pp. 44-45. 30 頁。

15)　*Ibid.*, pp. 46-47. 31 頁。

16)　*Ibid.*, B. Dombart et A. Kalb éd., *Œuvres de Saint Augustin*, Vol. XXXVII ([Paris] : Desclée de Brouwer, 1960), pp. 128-129. 松田禎二・岡野昌雄・泉治典訳『神の国（5）』『アウグスティヌス著作集第 15 巻』（教文館，1983 年）70 頁。

17)　*Ibid.*, pp. 130-131. 72 頁。

18)　柴田『アウグスティヌスの政治思想』254-255 頁。

19)　Augustinus, A., *La Cité de Dieu*, B. Dombart et A. Kalb éd., *Œuvres de Saint Augustin*, Vol. XXXVII, pp. 434-435. 松田・岡野・泉訳 232 頁。

20)　*Ibid.*, pp. 718-719. 380 頁。

21)　柴田平三郎『トマス・アクィナスの政治思想』（岩波書店，2014 年）48-49 頁。

22)　将基面貴巳『ヨーロッパ政治思想の誕生』（名古屋大学出版会，2013 年）110 頁。

23)　Thomas Aquinas, *Summa theologiæ*, I, q. 96, a. 4. Edmund Hill tr., *Summa theologiæ*, Vol. XIII (Cambridge, U.K. : Cambridge University Press, 2006), pp. 134-135. 高田三郎・山田晶訳『神学大全第 7 冊』（創文社，1965 年）136 頁。

24)　*Ibid.*, II-I, q. 19, a. 10, Thomas Gilby tr., *Summa theologiæ*, Vol. XVIII (Cambridge, U.K. : Cambridge University Press, 2006), pp. 80-81. 高田三郎・村上武子訳『神学大全第 9 冊』（創文社，1996 年）432 頁。

25)　*Ibid.*, II-I, q. 90, a. 4, T. Gilby tr., *Summa theologiæ*, Vol. XXVIII (Cambridge, U.K. : Cambridge University Press, 2006), pp. 16-17. 稲垣良典訳『神学大全第 13 冊』（創文社，1977 年）12 頁。

26)　*Ibid.*, II-I, q. 91, a. 1, pp. 18-21. 16 頁。

27)　*Ibid.*, II-I, q. 91, a. 2, pp. 22-23. 19 頁。

28) *Ibid.*, II-I, q. 91, a. 3, pp. 26-27. 22 頁。

29) *Ibid.*, II-I, q. 91, a. 4, pp. 28-29. 24 頁。

30) *Ibid.*, pp. 30-31. 25 頁。

31) *Ibid.*, II-I, q. 91, a. 5, pp. 34-35. 29 頁。

32) Id., *De Regimine principum, ad Regem Cypri*, A. P. D'Entrèves ed., *Aquinas : Selected Political Writings* (Oxford : Blackwell, 1959), pp. 2-3. 柴田平三郎訳『君主の統治について: 謹んでキプロス王に捧げる』(岩波書店, 2009 年) 17 頁。

33) *Ibid.*, pp. 4-5. 19 頁。

34) *Ibid.*, pp. 74-75. 86 頁。

35) 柴田『トマス・アクィナスの政治思想』180 頁。

36) Le Goff, Jacques, *Les intellectuels au Moyen Âge* ([Paris] : Éditions du Seuil, 1985), p. 30. 柏木英彦・三上朝造訳『中世の知識人：アベラールからエラスムスへ』(岩波書店, 1977 年) 33 頁。

37) 吉見俊哉『大学とは何か』(岩波書店, 2011 年) 47 頁。

38) 同上 54-57 頁。

近世(16世紀)

[第3章]

ルター

はじめに

　ローマ゠カトリック教会の教皇レオ10世（在位 1513-1521年）は，サン゠ピエトロ大聖堂を新築する資金を調達するために，贖宥状（免罪符）を発行した。それを購入すれば完全な罪の赦免がなされ，天国にはいるまえに火によって罪を浄化される煉獄にいる死者にも，同様の効果がおよぶとされた[1]。修道士のヨハン゠テッツェルは「金銭を〔献金〕箱になげいれて音をたてるやいなや〔死者の〕魂が煉獄からとびでて天国にのぼる」と吹聴して贖宥状をドイツで販売していた[2]。ドイツは政治的に分裂していたため教皇の干渉・搾取をうけやすく，贖宥状の売上金がドイツから教皇へ牝牛の乳のようにながれたという意味で「ローマの牝牛」とよばれていた。

　マルティン゠ルターは1483年にドイツでうまれた。1505年，エアフルト大学法学部に入学したけれども，落雷により死の恐怖を感じて修道院にはいり，服従・清貧・貞潔を誓約する生活をおくる[3]。1507年に司祭となったあと，1512年にはヴィッテンヴェルク大学神学教授・博士となり，1546年に死去するまで同職にあった。ルターは，魂の救済が贖宥状の購入によるのではなくて，キリストの福音にたいする信仰のみによるという確信にもとづいて，その販売を批判し，1520年に『キリスト者の自由について』のほか『キリスト教界の改善にかんしてドイツのキリスト者貴族にあたえる書』などを出版した。翌年に教皇がルターを破門したあと，神聖ローマ帝国（ドイツ）の皇帝カール5世（在位 1519-1556年）はルターを帝国議会に召喚し，自説の撤回を要請

した。けれども，ルターは教皇をも，公会議をも信じず，自己の良心をとらえているのは神のことばのみであるとのべて，その撤回を拒否した [4]。

　教皇と皇帝は異端の問題に共同で対処し，前者による破門・異端宣告をうけたものには，後者による公権剥奪・追放の運命がまっていた [5]。ルターは帝国追放処分をうけたあと，神聖ローマ皇帝の選挙権を有する諸侯（大貴族）であるザクセン選帝侯に保護され，ドイツ語訳聖書を発行した。これによって，おおくのひとびとが聖書を理解しうるようになった。ルターの教義を採用した諸侯はカトリック教会の権威から離脱し，領邦内で修道院を廃止したり教会儀式を改革したりして，旧教徒（カトリック）と新教徒（プロテスタント）が対立していく。

　なお，プロテスタントという呼称は，信教の自由をみとめないカール5世にたいするルター派諸侯の「抗議」に由来している。本章は主として『キリスト者の自由について』と『キリスト教界の改善にかんしてドイツのキリスト者貴族にあたえる書』に依拠して，ルターの宗教改革思想を追究するものである。キリスト者とはキリスト教徒の同義語であり，後者のほうが一般的であるけれども，本章では前者を使用する。

1　キリスト者の自由

［1］霊的・内的な問題

　キリスト者はすべてのもののうえにたつ「自由な主人」であって，だれにも服しない [6]。同時に，すべてのものにつかえる「僕」であって，だれにでも服する。すべてのキリスト者は，霊的性質と身体的性質をもつ。すなわち魂の面では霊的・内的なひとであり，血肉の面では身体的・外的なひとである。外的なものは，ひとを自由にしたり義としたりすることができない。悪人・偽善者も，善良な行為・態度をとりうるからである。聖なる福音すなわちキリストが説教した神のことばのみが魂をいかし，義とし，自由とし，キリスト者とする [7]。神のことばとは，福音書のなかにあるようなキリストによる説教を意味する。

すべてのキリスト者のなすべき唯一の行為・訓練は，神のことばとキリストを
十分に自分のうちに形成し，そのような信仰をたえず鍛錬・強化することであ
る[8]。

　聖書には神の戒か律法と，契約か約束が記されている。前者によって，人間
は善にたいする自分の無能力をさとり，自分自身に絶望することをまなぶ。後
者によると，キリストを信じれば，戒が強制・要求するとおりに，邪悪な欲望
と罪から解放される[9]。キリスト者が義とされるためには信仰だけで十分であ
り，いかなる行為も必要としない（信仰義認説）。これは，すべての戒・律法
から解放されている状態であり，ここに，キリスト者の自由が存する[10]。そ
こで大切なのは，信仰のみである[11]。ルターは，神を信じないでおこなう善
行を批判した。

　信仰によって，魂はキリストと一体化する。その結果，魂のおっている罪が
キリストのなかにのみこまれる[12]。すなわち魂は信仰のゆえに自分のすべて
の罪からまぬがれ，自由となり，キリストの永遠の義を付与される[13]。唯一
の神をあがめるべきであるという第1の戒をみたすのは，信仰のみであって
善行ではない。第1の戒をみたすものは，確実かつ容易にほかのすべての戒
をみたす。

　神は地上における支配権と祭司権を，その長男であるイエス゠キリストに付
与した[14]。したがって，キリストは霊的な意味において王であり祭司であ
る[15]。キリストは，その支配権と祭司権をすべてのキリスト者に分与した。
キリスト者は信仰によってキリストとともに王となり祭司となる。王となると
いうのは，霊的にすべてのものの主となることを意味する。また，キリストは，
1名の祭司が民にかわって祈願するのとおなじように，わたくしたちが霊的に
ほかのひとにかわって祈願することができるようにした[16]。このように，キ
リスト者は，王としてすべてのものを支配し，祭司として神をうごかす。しか
るに，祭司・聖職は不当にも一般信徒からひきはなされて，霊的階級とよばれ
ている少数者に属している。信仰を喚起・保持しうる説教は，主からうけたキ
リスト者の自由すなわちわたくしたちがすべてのものを支配する王であり祭司

であることを，ただしく解明するものだけであった [17]。

［2］身体的・外的な問題

　「信仰だけで十分であるとすれば，なぜ善行が命じられているのか」という疑問にたいするルターの回答は「キリスト者は自由であるかぎり，なにをもおこなう必要はない」けれども「僕であるかぎり，あらゆる種類のことをしなければならない」というものであった [18]。

　身体は断食・徹夜・労働その他あらゆる適度の訓練をとおして，内的人間と信仰に服従しなければならない [19]。外的人間は肉のうちにあって，神ではなくて現世につかえ，快楽をもとめるからである。断食などの行為を，それがひとを義にするという観念をもってしてはならない。神のまえでは信仰のみが義であり，義でなければならないからである。キリスト者は善行によってキリスト者となるのではない [20]。善行が善人をつくるのではなくて，善人が善行をするのである [21]。信仰のないひとにとっては，いかなる善行も義と救済の役にたたない。行為によって義となり救済されたいというのは，本末転倒であった [22]。

　各人は自分自身のためには自分の信仰だけで十分だけれども，その他のすべての行為と生活は，自由な愛をもって隣人につかえるためのものでなければならない [23]。神がキリストをとおして無報酬でわたくしたちをたすけたように，わたくしたちも身体とその行為によって隣人をたすけることのみにつとめるべきである [24]。

　ルターは世俗の権力に服従すべきであるとのべている [25]。そのさいに，自己の救済を目的とするのではなくて，他者や権威に自由に奉仕し，愛と自由をもって服従することが重要であった。かれは世俗の権力を「神の意志と秩序 [26]」にもとづくものとみなし，それにたいする服従をといた。こうした観念は 20 世紀ドイツにナチズムをもたらしたと批判された [27]。

　キリスト教的な善行とは他者に奉仕したり，その意志をはたしたりするものである。愛とは自己の利益ではなくて隣人の利益をもとめることである [28]。

キリスト者は自分自身のためではなくて，キリストと隣人のためにいきる。キリストにたいしては信仰によって，隣人にたいしては愛によって，それぞれいきる。これこそが真の霊的なキリスト教的自由であり，あらゆる罪・律法・戒から心を解放するものであった。

2　キリスト教界の改善

［1］基本的な問題

　ルターによれば，教皇が自己をまもるために構築してきた3つの城壁が，キリスト教界を堕落させてきた[29]。第1の城壁は，教皇が世俗の権力によって圧迫されたとき，前者が後者よりも優越していることを弁護・主張したことである。第2の城壁は，教皇が聖書によって罰せられようとしたとき，教皇のみが聖書を講解する資格を有すると規定したことである。第3の城壁は，教皇が公会議によっておびやかされたとき，教皇のみが公会議を招集しうるという，ありもしないことを捏造したことである。

　ルターは第1の城壁にたいして，教皇・司教・司祭および修道士が霊的階級で，諸侯・君主・手工業者および農耕者が世俗的階級であるといわれているけれども，すべてのキリスト者は霊的階級に属し，職務のため以外には，かれらのあいだにいかなる差別も存在しないと断言する[30]。したがって，世俗的領主は教皇・司教・司祭が罪にあたいするばあい，かれらを罰しなければならなかった[31]。こうしたルターの主張は，俗権にたいする教権の優位の消滅すなわち中世的な階層秩序の変容を含意していた[32]。

　第2の城壁にたいして，聖書を講解する権利が教皇のみに属するというのは，傲慢なつくりばなしであると論難した[33]。信仰を理解・主張するのはすべてのキリスト者にふさわしいことであった[34]。

　ルターは第3の城壁に反論するために，ローマ帝国のコンスタンティヌス1世（在位306-337年）以後，おおくの皇帝が公会議を招集した事実を指摘する[35]。教皇がキリスト教界にとっていまわしいものであるばあい，最初に招

集しうるものが，ただしい自由な公会議を成立させるよう努力すべきであった。

　その公会議で討議しなければならないことがらは，下記の３点である[36]。第１に教皇がいかなる国王・皇帝よりも世俗的にしてはなやかな生活をしていることである。これはいまわしい，おどろくべきことであった。第２は，教皇がイタリア・ドイツにおける多数の修道院・施設・領地・小教区を私物化するために枢機卿をつくり，かれらに司教区・修道院・高位聖職を自由にさせていることである[37]。ルターからすれば，これはドイツ人の財産にたいする教皇の略奪行為・搾取にほかならなかった[38]。第３は教皇の邸宅が広大すぎ，その書記がおおすぎることであった。これらの教皇による悪魔的な支配は公然の強盗，詐欺，地獄の門の暴虐な行為であり，キリスト教界を堕落させていた[39]。ルターは，このようなキリスト教界の困窮と破壊を阻止する責任を自覚していた。

［２］実際的な問題

　こうしたキリスト教界のいまわしい状態を改善するために，世俗の権力がすべきことは，下記のとおりである。第１は，各聖職禄から最初の年の収益を徴収する教皇の権限を剥奪することである。第２は，ドイツの聖職禄・領地をローマの「粗暴にして無学なばかものや卑劣漢」に売却して，善良な学識のある高位聖職者を排除している教皇に反抗することである[40]。第３は，司教の任免を教皇ではなくて，ほかの２名の近接地の司教か大司教におこなわせることである[41]。第４は，世俗的なことがらを，教皇ではなくて世俗の権力にまかせることである[42]。第５は，所有者が死去した領地を，教皇のものとしてはならないということである[43]。第６は，赦免にかんする教皇の特権を除去することである。それによって多額の金銭をひとびとから搾取していたからである。第７は，教皇の従者を教皇自身の財産によって扶養させることと，教皇の邸宅を国王の宮廷よりもきらびやかにして高価なものとしないことである[44]。第８は，教皇が司教を奴隷のように束縛している誓約を廃止することである[45]。第９は，教皇に皇帝以上の権力をもたせないことである。第10は，

教皇をナポリやシチリアの国王としないことである⁴⁶⁾。第11は，教皇の足に
接吻しないことである。第12は，ローマへの巡礼を禁止することである⁴⁷⁾。
ローマで適切な手本ではなくて，おもいあがった，いまわしいことをみるにす
ぎないからである。第13は，托鉢修道院を全廃するか減少させることであ
る⁴⁸⁾。そこでは，善良なキリスト教的生活が外面的な掟・行為・態度によっ
てのみ評価・追求され，偽善と魂の堕落をもたらしているからである⁴⁹⁾。第
14は，司祭が結婚するかしないかを，かれの自由にまかせることである⁵⁰⁾。
司祭も肉欲をもっているだけでなく，家政のためにも妻帯が不可欠だからであ
る⁵¹⁾。ルター自身は1525年に修道女だったカタリナ゠フォン゠ボラ（1499-1552
年）と結婚した。翌年から1534年までに6名の子どもが誕生している。ルタ
ーには家政の能力が完全に欠如していた⁵²⁾。

　世俗の権力がすべきことの第15は，修道院長・女子修道院長が修道士・修
道女を支配して，破門や脅迫によって苦悩させているのをなくすことであ
る⁵³⁾。第16は，金銭と食事と飲酒のみを目的とする記念日や儀式や死者のた
めのミサを撤廃することである⁵⁴⁾。第17は破門を，ただしく信仰していない
ものにおこなうことである⁵⁵⁾。　実際には，現世の財を搾取するためにおこな
われていた。第18は，すべての祝祭日をなくして，日曜日のみをのこすこと
である。祝祭日には，飲酒・賭博・怠惰とさまざまな悪事がみられたからであ
る⁵⁶⁾。第19は，断食をすべてのひとの自由にまかせることである⁵⁷⁾。それ
は福音ではなくて，人間の規定したことにすぎなかった。第20は，あらたに
巡礼地に指定されたところにある礼拝堂や教会堂を破壊することである。ルタ
ーは教皇が「贖宥の雨」をふらせて，多額の金銭をあつめていることを批判し
た⁵⁸⁾。第21は，巡礼者か托鉢修道会に属するものによる「乞食<ruby>乞食<rt>こつじき</rt></ruby>」をなくすこ
とである⁵⁹⁾。他者の労働によって怠惰な生活をおくることは不適当だからで
ある⁶⁰⁾。第22は，修道院などでささげられているおおくのミサを中止するこ
とである。教皇たちが金銭を獲得するためだけにおこなっているものだったか
らである⁶¹⁾。第23は，贖宥などにかんする教皇の特権を除去することである。
第24は，異端者を火ではなくて，聖書によって征服することである⁶²⁾。ルタ

ーによれば，神聖ローマ皇帝の提唱によって開催されたコンスタンツ公会議が
1415年に，カトリック教会の堕落や腐敗を批判した神学者ヤン゠フスを火刑
に処したことは不当であった。第25は，大学を改革することである[63]。そこ
では聖書やキリスト教の信仰をほとんどおしえず，異教の教師であるアリスト
テレスがキリスト以上に支配していた。第26は，教皇が皇帝に帝位をさずけ
たから前者が後者よりも優越しているということはないので，後者を真の自由
な皇帝とし，教皇に抑圧させないことである[64]。第27は，多数の貴族や富者
を貧乏にしている贅沢な衣服を禁ずることである[65]。最後は，娼家を廃止す
ることである[66]。

おわりに

　フランスうまれの神学者ジャン゠カルヴァン（1509-1564年）は，神の絶
対主権を強調する厳格な禁欲主義にもとづいて，ジュネーヴで神権政治をおこ
なった。かれによれば，人間の魂を救済するかどうかは，あらかじめ神が決定
していることである。すなわち神はあるものに「生命の希望」を，ほかのもの
には「永遠の死」をあたえる[67]。この「予定説」は，神の栄光のために労働
するという観念と結合して[68]，西ヨーロッパの商工業者のあいだに普及して
いった。かれらは職業労働に専心することによって，永遠の死をさだめられて
いるかもしれないという宗教的不安をふりはらい，自己の魂が救済される確信
をえようとしたのである[69]。

　ルター派やカルヴァン派をふくむプロテスタントは，教皇の権威と聖職者の
特権を否定する万人祭司主義を採用する。それは，カトリック教会の普遍的権
威を動揺させ，主権国家の形成をもたらすこととなろう。

1)　Stupperich, Robert, *Die Reformation in Deutschland*, Orig.-Ausg., 2., verb. Aufl.
(Gütersloh : Gütersloher Verlagshaus Mohn, 1980), S. 21, 167. 森田安一訳『ドイツ宗教改

　　革史研究』（ヨルダン社，1984 年）24, 229 頁。

2)　　Ebenda, S. 21. 25 頁。

3)　　Friedenthal, Richard, *Luther : sein Leben und seine Zeit*, Neuausgabe, 13. Auflage (München ; Zürich : R. Piper & Co., 1982), S. 41. 笠利尚・徳善義和・三浦義和訳『マルティン・ルターの生涯』（新潮社，1973 年）39 頁。

4)　　Luther, Martin, „Verhandlungen mit D. Martin Luther auf dem Reichstage zu Worms (1521)," *D. Martin Luthers Werke : kritische Gesamtausgabe (Weimarer Ausgabe)*, Bd. VII (Weimar : H. Böhlaus Nachfolger, Graz : Akademische Druck- und Verlagsanstalt, 1966), S. 838. 徳善義和訳「ヴォルムス国会での弁明」『マルチン・ルター：原典による信仰と思想』（リトン，2004 年）82-83 頁。

5)　　木部尚志『ルターの政治思想：その生成と構造』（早稲田大学出版部，2000 年）131 頁。

6)　　Luther, M., *Von der Freiheit eines Christenmenschen* (1520), *D. Martin Luthers Werke : kritische Gesamtausgabe (Weimarer Ausgabe)* , Bd. VII, S. 21. 徳善義和訳『キリスト者の自由について』『ルター著作選集』（教文館，2012 年）269 頁。

7)　　Ebenda, S. 22. 271 頁。

8)　　Ebenda, S. 23. 273 頁。

9)　　Ebenda, S. 24. 274 頁。

10)　　Ebenda, S. 24-25. 275 頁。

11)　　Ebenda, S. 25.

12)　　Ebenda, S. 25-26. 277 頁。

13)　　Ebenda, S. 26.

14)　　Ebenda, S. 26-27. 278-279 頁。

15)　　Ebenda, S. 27. 279 頁。

16)　　Ebenda, S. 28. 280 頁。

17)　　Ebenda, S. 29. 282 頁。

18)　　Ebenda, S. 29-30. 283 頁。

19)　　Ebenda, S. 30. 284 頁。

20)　　Ebenda, S. 31-32. 286 頁。

21)　　Ebenda, S. 32.

22)　　Ebenda, S. 33. 289 頁。

23)　　Ebenda, S. 35. 291 頁。

24)　　Ebenda, S. 36. 292 頁。

25)　　Ebenda, S. 37. 293 頁。

26)　　Ders., *Von weltlicher Oberkeit, wie weit man ihr Gehorsam schuldig sei* (1523), *D.*

Martin Luthers Werke : kritische Gesamtausgabe (Weimarer Ausgabe), Bd. XI (Weimar : H. Böhlaus Nachfolger, Graz : Akademische Druck- und Verlagsanstalt, 1966), S. 247. 徳善義和訳『この世の権威について，人はどの程度までこれに対し服従の義務があるのか』ルター著作集委員会『ルター著作集第1集第5巻』(聖文舎，1967年) 142頁。

27) 村上みか「〈名著再考〉ルター『キリスト者の自由』」『思想』第1122号 (2017年) 128頁。

28) Luther, M., *Von der Freiheit eines Christenmenschen*, S. 38. 徳善訳295頁。

29) Ders., *An den christlichen Adel deutscher Nation von des christlichen Standes Besserung* (1520), *D. Martin Luthers Werke : kritische Gesamtausgabe (Weimarer Ausgabe)*, Bd. VI (Weimar : H. Böhlaus Nachfolger, Graz : Akademische Druck- und Verlagsanstalt, 1966), S. 406. 印具徹訳『キリスト教界の改善に関してドイツのキリスト者貴族に与える書』ルター著作集委員会『ルター著作集第1集第2巻』(聖文舎，1963年) 199頁。

30) Ebenda, S. 407. 200-201頁。

31) Ebenda, S. 410. 206頁。

32) 木部前掲書102頁。

33) Luther, M., *An den christlichen Adel deutscher Nation von des christlichen Standes Besserung*, S. 411. 印具訳209頁。

34) Ebenda, S. 412. 211頁。

35) Ebenda, S. 413. 213頁。

36) Ebenda, S. 415. 216頁。

37) Ebenda, S. 416. 218頁。

38) Ebenda, S. 417. 220頁。

39) Ebenda, S. 427. 235頁。

40) Ebenda, S. 428. 237頁。

41) Ebenda, S. 429. 238頁。

42) Ebenda, S. 430. 240頁。

43) Ebenda, S. 431. 241頁。

44) Ebenda, S. 432. 244頁。

45) Ebenda, S. 433.

46) Ebenda, S. 435. 247-248頁。

47) Ebenda, S. 437. 251頁。

48) Ebenda, S. 438. 253-254頁。

49) Ebenda, S. 439. 255頁。

50) Ebenda, S. 440. 258頁。

51） Ebenda, S. 442. 261 頁。

52） Friedenthal, R., a.a.O., S. 532. 笠利・德善・三浦訳 419 頁。

53） Luther, M., *An den christlichen Adel deutscher Nation von des christlichen Standes Besserung*, S. 443. 印具訳 263 頁。

54） Ebenda, S. 444. 265 頁。

55） Ebenda, S. 445. 266 頁。

56） Ebenda, S. 445-446. 267 頁。

57） Ebenda, S. 447. 269 頁。

58） Ebenda, S. 448. 272 頁。

59） Ebenda, S. 450. 276 頁。

60） Ebenda, S. 451. 277 頁。

61） Ebenda, S. 452. 279 頁。

62） Ebenda, S. 455. 284 頁。

63） Ebenda, S. 457. 288 頁。

64） Ebenda, S. 465. 302-303 頁。

65） Ebenda, S. 466. 303-304 頁。

66） Ebenda, S. 467. 307 頁。

67） Calvin, Jean, *Institutionis Christianae religionis 1559 librum III continens*, Petrus Barth ed., *Joannis Calvini Opera selecta*, Vol. IV, 2ed. emendate ([München] : CHR. Kaiser, 1959), p. 373. 渡辺信夫訳『キリスト教綱要第 3 篇』（新教出版社, 改訳 2008 年）431 頁。

68） Weber, Max, *Die protestantische Ethik und der Geist des Kapitalismus, Gesamtausgabe*, Abt. I, Bd. XVIII (Tübingen : J. C. B. Mohr (Paul Siebeck), 2016), S. 291. 戸田聡訳『プロテスタンティズムの倫理と資本主義の精神』『宗教社会学論集第 1 巻上』（北海道大学出版会, 2019 年）128 頁。

69） Ebenda, S. 303. 137 頁。

[第4章]
マキァヴェッリ

はじめに

　15世紀末のイタリアは多数の小国家に分裂していた。南部にはシチリア王国とナポリ王国が，北部にはヴェネツィア・フィレンツェ・ジェノヴァ・ミラノなどの都市国家が，それぞれ存在し，中部にローマ゠カトリック教会の教皇領があった。1494年にフランス国王がイタリアに侵入すると，神聖ローマ皇帝がこれに対抗して，イタリア戦争が勃発した。この戦争はイタリアの小国家や教皇をまきこんで，1559年までつづいた。

　14世紀から16世紀のヨーロッパでは，人間性の自由・解放を希求する文化運動（ルネサンス）があらわれた。中世盛期の文化はカトリック教会の権威に拘束されていたけれども，ルネサンスは現世におけるたのしみや理性・感情の活動を重視した。その支柱となったのがヒューマニズムである。それはギリシア・ローマの古典文化の研究をとおして人間らしいいきかたを追求するものであった。ニッコロ゠マキァヴェッリは『君主論』のなかで政治を宗教・道徳と峻別する脱中世的な政治観をしめした。

　15世紀末以降のヨーロッパでは，カトリック教会の普遍的権威が動揺し，戦争が頻発していた。各国は常備軍と，軍事費を調達するための徴税機構を中心とする官僚制を整備した。また，自国の支配領域を明確な国境でかこい，国内秩序を維持強化して，対外的には主権者としての君主のみが国家を代表する主権国家を形成した。16世紀には，イギリスやフランスで絶対王政が成立した。三十年戦争が終結した1648年にヨーロッパ各国はウェストファリア条約を締

結し，主権国家体制とよばれる国際秩序が確立した。

　マキァヴェッリは1469年，フィレンツェにうまれた。1494年にイタリア戦争が勃発すると，フィレンツェを支配していたメディチ家は追放される。1495年，修道士ジローラモ゠サヴォナローラが同国で厳格な神権政治を開始した。かれは腐敗したカトリック教会とたたかい，教皇によって1498年に火刑に処された[1]。同年，マキァヴェッリはフィレンツェ政府の第二書記局長に選任された[2]。第一書記局は外交・書簡を，第二書記局は内政・軍事を，それぞれ担当していたけれども，その職分は交錯し[3]，マキァヴェッリは外交にもたずさわった。1512年，メディチ家がフィレンツェに復帰したあと，マキァヴェッリは失職し投獄され，郊外に追放された。1513年に『君主論』を執筆し，メディチ家に献呈しようとした——実際に献呈することができたかどうかは不明である[4]——。1527年に死去した。本章は主として『君主論』に依拠して，マキァヴェッリの国家論の特質を究明するものである。

1　君主国の種類と獲得手段

　「国家（stati）」には，共和国と君主国がある[5]。君主国には，世襲の君主国とあたらしい君主国がある[6]。あたらしい君主国には，全面的にあたらしい国家と，世襲の君主国に手足をつけたしたような国家がある[7]。

　獲得した領土は，君主国だったばあいと共和国だったばあいがある。獲得する手段には，他者の武力と自己の武力がある。また「運（fortuna）」と「力量（virtú）」がある。

2　世襲の君主国

　世襲の君主国は，あたらしい君主国よりも維持するのが容易である[8]。祖先の統治方法を踏襲するだけで十分だからである。

3　混成型の君主国

　あたらしい君主国は，世襲の君主国にはない難題を有する[9]。それは全面的にあたらしいのではなくて，手足の部分だけがあたらしい混成型の君主国も同様である[10]。ひとびとは善政を期待して君主の交代を要求し，武器をとって君主に反抗するからである[11]。また，新君主はあたらしい領土を獲得するさいに，ひとびとに危害をくわえるからである[12]。

4　あらたな領土が君主国である，混成型の君主国

　君主国には，2つの統治様式がある[13]。第1は，1名の君主とかれの公僕からなるものである。第2は，1名の君主と封建諸侯からなるものである。後者は前者による寵愛ではなくて，ふるくからの血縁によってその地位を保持し，自分の領地と家臣をもち，家臣はかれを領主とあおいで自然な愛情をよせている。第2の統治様式では，こうした封建諸侯によって自国を奪取される可能性がたかいけれども，ダレイオス3世のペルシア帝国は第1の統治様式を採用していたため，それを占領したアレクサンドロス大王の死後も後継者への反乱が生じなかった[14]。

　マキァヴェッリがここで問題としているのは，混成型の君主国のうち，あらたな領土が君主国であるばあいである[15]。あらたな領土が共和国であるばあいについては，つぎのとおり論述している[16]。

5　あらたな領土が共和国である，混成型の君主国

　征服以前に自分たちの法律によって自由に生活してきたところを保持する方策は3つある[17]。第1は，そこを滅亡させることである。第2は，君主自身がそこに移住することである。第3は，そこで従来の法律によって生活させて，貢納させ，友好関係を維持する寡頭制の政権をつくらせることである[18]。

6　自己の武力や力量によって獲得した新君主国

　君主も領土も全面的にあたらしい君主国は[19]，力量によって君主になった
ひとが領土を獲得するのは困難だけれども，維持するのは容易である[20]。君
主が領土を獲得するときには，あたらしい制度と方法を導入しづらいためであ
る[21]。

　「武装した預言者はことごとく勝利し，武装しない預言者は破滅する[22]。」
後者の例がサヴォナローラであった[23]。

7　他者の武力や運によって獲得した新君主国

　一私人から，ただ運にめぐまれただけで君主になったひとびとは，そのとき
にほとんど苦労しなくても，国家を維持するさいには，ありとあらゆる困難が
生じる[24]。金銭あるいは他者の好意で国家を譲渡されたひとびとも同様であ
る[25]。

　フランチェスコ゠スフォルツァは力量によって君主になった実例であり，一
私人からミラノ公になった[26]。ヴァレンティーノ公チェーザレ゠ボルジアは
運によって君主になった実例であり，教皇アレクサンデル6世を父親にもつ
という運にめぐまれて国家を獲得し，運にみはなされて，すなわちアレクサン
デル6世の急死によって国家を奪取された。

8　悪辣な行為によって君主の地位を獲得したひとびと

　運や力量にたよらずに一私人から君主になる方法は2つある[27]。ある種の
悪辣非道な手段で君位にのぼるものと，ある市民がほかの市民の支持によって
祖国の君主になるものである[28]。前者において留意すべきは，ある国家を奪
取するとき，征服者がしなければならない加害行為を一気呵成におこない，日々
くりかえさないことである[29]。それによってひとびとを安心させ，恩義をほ

どこして民心を掌握しなくてはならない。

9　市民型の君主国

　市民型の君主国とは，ある市民が残虐行為か，ゆるしがたい暴力によって君主になるのではなくて，ほかの市民の支持によって祖国の君主となるものである[30]。そのさいに，貴族よりも民衆の支援によって君位をえたもののほうが，それを維持しやすい[31]。前者の君主は自分と対等だとおもいこむ大勢のひとにかこまれるため，気ままに命令したり操縦したりすることができないのにたいして，後者の君主の周囲には，不服従のものが皆無か，ほんの少数だからである[32]。

10　君主国の戦力を判断する方法

　君主国には，君主が自力で統治しうるものと，つねに他者の支援を必要とするものがある[33]。前者は豊富な人的資源か財力によって適切な軍隊を保持し，いかなる侵略者とも対戦しうるものである。後者は敵と対峙することができず，城塞のなかに退避して警備しなければならないものである。

11　教会君主国

　教会君主国すなわち教皇領は，獲得するのが困難だけれども維持するのは容易である[34]。宗教に根ざす，ふるい制度にささえられた非常に強固なものであって，君主がなにをしようと，ゆるがないからである。

12　傭　兵　軍

　すべての国家の主要な土台となるのは，すぐれた法律と有効な武力であ

る[35]。後者があってはじめて，前者がありうる[36]。

　君主が国家を防衛する戦力には，自国軍か傭兵軍か外国支援軍か混成軍がある[37]。傭兵軍は無益で危険である。傭兵が戦場にとどまるのは，少額の給料のためだけであり，平時には兵士であることをのぞむけれども，戦時には逃亡するか退散するからである。イタリアの没落の原因は，長年にわたって傭兵軍に期待してきたことにあった[38]。

13　外国支援軍・混成軍・自国軍

　外国支援軍も無益である[39]。これはある有力者に軍隊の支援や防衛を要請するものである。外国支援軍が敗北すれば，それを要請したものは破滅し，前者が勝利すれば，後者はそれに従属させられる[40]。

　傭兵と自国兵からなる混成軍は，外国支援軍か傭兵軍よりもすぐれているけれども，自国軍よりもおとる[41]。自国軍とは，臣民か市民か君主の部下が組織する軍事力をさす[42]。

14　軍備にかんする君主の責務

　君主は，戦争とその制度・訓練のみを目的・関心事・職務としなければならない[43]。武装したものが武装していないものにすすんで服従することや，武装しない君主が武装した従者にかこまれて安全であることは，ありえなかった[44]。

15　君主の毀誉褒貶

　君主が国家を保護するためには，評判を気にせずに悪徳を行使するのがよい[45]。美徳のようにみえても，自国を破滅させることがあり，悪徳のようにみえても，自国の安全と繁栄をもたらすことがあるからである。

16　鷹揚さと吝嗇

　賢明な君主は，吝嗇であるという評判を気にしてはならない[46]。倹約することによって歳入が十分で，外敵から防衛することができ，民衆に負担をかけずに戦争を遂行しうる人物だとわかれば，鷹揚であるという評判を獲得するためである。

17　残酷さと憐憫／畏怖されることと愛されること

　君主は臣民を結束させ忠実にさせるために，残酷であるという悪評を気にしてはならない[47]。憐憫の情をもちすぎて混乱を生じさせ，殺戮か略奪をおこなう君主とことなって，ほんのすこしの残酷なみせしめによって，いっそう憐憫の情を有する人物になるからである。

　君主は愛されるよりも，畏怖されるほうが安全である[48]。人間は畏怖するひとよりも，愛してくれるひとに危害をくわえる[49]。人間は邪悪なので，自分の利益のために，恩義の絆でむすばれた愛情を破棄するけれども，畏怖するひとにたいしては，処刑の恐怖をいだくので，離反することがないからである[50]。

18　君主が信義をまもる限度

　戦闘の手段としては，法律と力がある[51]。前者は人間に，後者は野獣に，それぞれ固有のものである。君主は両者の要素を上手に使用することができなければならない。

　後者については，とくに狐とライオンの能力を身につける必要がある[52]。罠にかからないためには，狐でなければならず，狼を驚愕させるには，ライオンでなければならないからである。

　賢明な君主は，信義をまもることが自分に不利になったときや，約束したと

きの動機がなくなったとき，信義をまもる必要はない。人間は邪悪で，約束を遵守するものでないから，自分も他者にそうしなくてよい。

19　君主が軽蔑・憎悪されるのを回避する方法

君主は臣民の財産や女性を強奪して憎悪されないように，自戒しなければならない[53]。また，気がかわりやすく軽薄・柔弱・臆病であって決断力がないとみられて，軽蔑されることを警戒しなければならない[54]。

20　城塞の効用

君主は国家をいっそう安全にするために，築城する習慣をもっていた[55]。これは反乱を企図するものが急襲したときの，安全な避難所を意味した。しかし，自国を保護するために，それを解体したものもいた[56]。それは，城塞がなければ，他国が自国を破壊することはないだろうという判断にもとづくものであった[57]。したがって，外国人よりも自国の領民をおそれる君主は，築城すべきである[58]。後者よりも前者をおそれる君主は，それを断念すべきである。

21　君主が敬意と名声をえる行為

君主が尊敬される行動とは，戦争を遂行して，卓越した模範をしめすことである[59]。

22　君主の重臣

君主よりも自分自身を考慮するものは，すぐれた行政官でない[60]。国家を統治するものは，つねに君主を考慮しなければならない[61]。

23　追従者を排除する方法

　賢明な君主は国内から賢人を選出して，自由に真実を発言させ，かれらの助言を歓迎しなければならない[62]。そうしなければ，追従者のために没落するであろう[63]。

24　イタリアの君主が自国を奪取された理由

　イタリアの君主が自国を奪取された理由は「軍事面での弱点[64]」すなわち傭兵軍に期待してきたことにあった。

25　運命と自由意志

　運命が人間の活動の半分を決定しうるとしても，自由意志がのこる半分か半分ちかくを支配しうる[65]。運命だけに依存する君主は，それが変化すれば滅亡する[66]。けれども，自分の行動を時勢にあわせて変更したひとは成功する[67]。

26　イタリアを防衛して外敵から解放することの奨励

　イタリアは零落し，外敵に隷従し，分裂し，指導者も秩序もなく敗北し，略奪され，苦悩し，荒廃し，破滅する境遇にたえている[68]。マキァヴェッリはこうした外敵の残酷さと横暴からイタリアを救出するものとして，メディチ家に期待した[69]。

おわりに

　マキァヴェッリの認識によれば，すべての人間は邪悪なものであった[70]。

そこには，アリストテレスのように人間を「ポリス的動物」とみなす観念が欠如している[71]。しかし『ディスコルシ』には古代ローマの共和制にたいする好意的な記述がみられる。マキァヴェッリはその国家を広大な領土へひろげていくローマを，狭小な国土にその版図をおさえておくスパルタ・ヴェネツィアよりもたかく評価した[72]。人間にかんすることがらはことごとく流転し，上昇するか下降するかのいずれかである。後者の国家は「必要（necessità）」にせまられて拡大しなければならなくなると，その基礎がゆらいで崩壊するであろう。また，共和国では君主国とちがって，恣意的でない基準にしたがって名誉と報償をえる「自由な生活」が可能になる[73]。共和制をしく国家の目的は領土の拡大と自由の維持にある[74]。ひとびとが名誉を獲得するために共和国の拡大に参与するとかんがえたマキァヴェッリの政治理論は，軍事力を重視するものであった[75]。現代では，かれの政治思想を共和主義あるいはシヴィック゠ヒューマニズムの文脈に位置づける研究がみられるけれども，君主にたいして狐とライオンにまなぶことをすすめるマキァヴェッリとはことなる人間観を有する「倫理的な」シヴィック゠ヒューマニズムがジャン゠ジャック゠ルソーのなかにみいだされることや「帝国」へとむかうような軍事的拡張主義にたいする批判的視角をもたなければならないことを看過してはならないであろう[76]。

　マキァヴェッリの国家は基本的に被治者をふくまない権力機構としての国家であって，それをふくむ人的団体としての国家とはことなっていた[77]。ジャン゠ボダンやゲオルク゠ヴィルヘルム゠フリードリヒ゠ヘーゲルの国家論は前者の系譜に，トマス゠ホッブズ，ジョン゠ロック，ルソーの国家論は後者の系譜に，それぞれ属する。

　フランスでは1562年から旧教徒と新教徒（ユグノー）が対立するユグノー戦争がつづいていた。アンリ4世（在位1589-1610年）は王位につくと新教から旧教に改宗し，1598年にナントの王令でユグノーに大幅な信教の自由をあたえてユグノー戦争を終結させ，国家としてのまとまりを維持し，絶対王政を確立する。こうした状況のなかでボダンは『国家論』（1576年）において

主権論を展開する。主権とは「国家の絶対的にして永続的な権力[78]」である。それが具体的に意味するのは立法権であり，宣戦布告・講和締結権，終審裁判権，最上級官職保有者任免権，課税権，恩赦権，貨幣鋳造権，忠誠誓約要求権は立法権に包含される[79]。臣民全員か一部の個人に法を付与しうる君主が，自分よりも高位か対等のものから法をうけとるならば，もはや主権者ではありえなかった。ボダンは主権者と臣民の完全な分離を前提としつつ，法を主権者からの一方的命令として把握している[80]。ボダンがのぞましいとみなした主権者は君主であった。国家の最大の要諦すなわち主権という権力は厳密にいうと，君主制においてのみ存続しうる[81]。一国において主権者は単独でしかありえないからである。

　ボダンの主権論はのちに王権神授説というかたちで流布することとなる。現代でもさまざまな内憂外患がたえないけれども，権力機構としての国家ではなくて，人的団体としての国家として対応していく必要があろう。

1)　Ridolfi, Roberto, *Vita di Niccolò Machiavelli*, 3. ed. italiana accresciuta, Pt. 1 (Firenze : Sansoni, 1969), pp. 16-17. 須藤祐孝訳『マキァヴェッリの生涯』（岩波書店，2009 年）12-14 頁。

2)　*Ibid.*, p. 26. 22 頁。

3)　*Ibid.*, pp. 32-33. 27 頁。

4)　*Ibid.*, p. 257. 231 頁。

5)　Machiavelli, Niccolò, *Il principe*, a cura di Mario Martelli, *Edizione nazionale delle opere di Niccolò Machiavelli*, I/1 (Roma : Salerno, 2006), p. 63. 池田廉訳『君主論』『マキァヴェッリ全集 1』（筑摩書房，1998 年）6 頁。

6)　*Ibid.*, pp. 63-65.

7)　*Ibid.*, p. 65.

8)　*Ibid.*, p. 67. 7 頁。

9)　*Ibid.*, p. 69.

10)　*Ibid.*, pp. 69-70.

11)　*Ibid.*, pp. 70-71. 7-8 頁。

12)　*Ibid.*, p. 71. 8 頁。

13)　*Ibid.*, p. 100. 16 頁。

14)　*Ibid.*, p. 105. 17 頁。

15)　厚見恵一郎『マキァヴェッリの拡大的共和国：近代の必然性と「歴史解釈の政治学」』（木鐸社，2007 年）369 頁。

16)　鹿子生浩輝『征服と自由：マキァヴェッリの政治思想とルネサンス・フィレンツェ』（風行社，2013 年）180 頁。

17)　Machiavelli, N., *Il principe*, p. 107. 池田訳 18 頁。

18)　*Ibid.*, p. 108.

19)　*Ibid.*, p. 111. 19 頁。

20)　*Ibid.*, p. 117. 21 頁。

21)　*Ibid.*, pp. 117-118.

22)　*Ibid.*, p. 119. 22 頁。

23)　*Ibid.*, p. 120.

24)　*Ibid.*, pp. 123-124. 23 頁。

25)　*Ibid.*, p. 124.

26)　*Ibid.*, p. 127. 24 頁。

27)　*Ibid.*, pp. 149-150. 29-30 頁。

28)　*Ibid.*, p. 150. 30 頁。

29)　*Ibid.*, p. 161. 33 頁。

30)　*Ibid.*, p. 163.

31)　*Ibid.*, p. 164. 34 頁。

32)　*Ibid.*, pp. 164-165.

33)　*Ibid.*, p. 171. 37 頁。

34)　*Ibid.*, p. 175. 38 頁。

35)　*Ibid.*, p. 182. 41 頁。

36)　*Ibid.*, p. 183.

37)　*Ibid.*, p. 184.

38)　*Ibid.*, pp. 184-185.

39)　*Ibid.*, p. 197. 45 頁。

40)　*Ibid.*, p. 198. 46 頁。

41)　*Ibid.*, p. 205. 48 頁。

42)　*Ibid.*, p. 207.

43)　*Ibid.*, pp. 209-210. 49 頁。

44)　*Ibid.*, p. 211.

45)　*Ibid.*, p. 218. 52 頁。

46)　*Ibid.*, p. 221. 53 頁。

47)　*Ibid.*, p. 227. 55 頁。

48)　*Ibid.*, p. 228. 56 頁。

49)　*Ibid.*, p. 230.

50)　*Ibid.*, pp. 230-231.

51)　*Ibid.*, p. 235. 58 頁。

52)　*Ibid.*, p. 236.

53)　*Ibid.*, p. 243. 61 頁。

54)　*Ibid.*, p. 244.

55)　*Ibid.*, p. 277. 72 頁。

56)　*Ibid.*, p. 278.

57)　*Ibid.*, pp. 278-279.

58)　*Ibid.*, p. 279. 73 頁。

59)　*Ibid.*, p. 280.

60)　*Ibid.*, pp. 291-292. 77 頁。

61)　*Ibid.*, p. 292.

62)　*Ibid.*, pp. 293-294. 78 頁。

63)　*Ibid.*, p. 294. 78-79 頁。

64)　*Ibid.*, p. 298. 80 頁。

65)　*Ibid.*, p. 302. 81-82 頁。

66)　*Ibid.*, p. 304. 82 頁。

67)　*Ibid.*, pp. 304-305.

68)　*Ibid.*, p. 312. 85 頁。

69)　*Ibid.*, pp. 313-314.

70)　Id., *Discorsi sopra la prima deca di Tito Livio*, a cura di Francesco Bausi, *Edizione nazionale delle opere di Niccolò Machiavelli*, I/2, T. 1 (Roma : Salerno, 2001), p. 30. 永井三明訳『ディスコルシ』『マキァヴェッリ全集 2』（筑摩書房，1999 年）20 頁。

71)　佐々木毅『マキアヴェッリの政治思想』（岩波書店，1970 年）168-169 頁。

72)　Machiavelli, N., *Discorsi sopra la prima deca di Tito Livio*, pp. 47-49. 永井訳 30-31 頁。

73)　*Ibid.*, pp. 101-102. 59 頁。

74)　*Ibid.*, p. 149. 86 頁。

75)　佐々木『マキアヴェッリの政治思想』190 頁。

76)　小林正弥「共和主義研究と新公共主義：思想史と公共哲学」田中秀夫・山脇直司編『共

和主義の思想空間：シヴィック・ヒューマニズムの可能性』（名古屋大学出版会，2006年）505-514頁。

77）　福田歓一『政治学史』『福田歓一著作集第3巻』（岩波書店，1998年）219頁。

78）　Bodin, Jean, *Les six livres de la République*, texte revu par Christiane Frémont, Marie-Dominique Couzinet, Henri Rochais, liv. 1 ([Paris] : Fayard, 1986), p. 179. Id., *Les six livres de la République = De Republica libri sex*, première édition critique bilingue par Mario Turchetti, liv. 1 (Paris : Classiques Garnier, 2013), p. 444. 平野隆文訳『国家論』宮下志朗・伊藤進・平野隆文編訳『フランス・ルネサンス文学集1』（白水社，2015年）175頁。

79）　Id., *Les six livres de la République*, p. 309. Id., *Les six livres de la République = De Republica libri sex*, pp. 698, 700. 185頁。清末尊大『ジャン・ボダンと危機の時代のフランス』（木鐸社，1990年）184-185頁。

80）　佐々木毅『主権・抵抗権・寛容：ジャン・ボダンの国家哲学』（岩波書店，1973年）102頁。

81）　Bodin, J., *Les six livres de la République*, texte revu par Christiane Frémont, Marie-Dominique Couzinet, Henri Rochais, liv. 6 ([Paris] : Fayard, 1986), p. 178.

[第5章]

モ　ア

はじめに

　大航海時代のヨーロッパでは，羅針盤の改良や快速帆船の普及によって，遠洋航海が可能になっていた。1498 年，ポルトガルのヴァスコ゠ダ゠ガマはアフリカ南端の喜望峰をへてインドに到達し，香辛料を入手して同国に莫大な利益をもたらした。1492 年，クリストファ゠コロンブスはスペインを出発して北アメリカに到着した。その後，アメリゴ゠ヴェスプッチが南アメリカを探検した。スペインはアメリカ大陸に植民地をもうけ，先住民を労働力として酷使した。大航海時代の到来とともに，世界の一体化がはじまった。

　イギリス国王ヘンリ 8 世（在位 1509-1547 年）は，最初の王妃との離婚をのぞんだけれども，ローマ゠カトリック教会はそれを承認しなかった。そのため，ヘンリ 8 世は 1534 年の首長法において，みずからがイギリス国内の教会の首長であると宣言し，カトリック教会から離脱するとともに，修道院を廃止して，その土地財産を没収した。エリザベス 1 世（在位 1558-1603 年）は 1559 年の統一法にもとづいて祈祷や礼拝の統一をはかり，イギリス国教会を確立した。

　イギリスでは 15 世紀末から，領主が農民から農地をとりあげて牧場にするかこいこみによって羊毛生産が増大し，毛織物工業がさかんになった。そうした背景のもとで，エリザベス 1 世は 1600 年に東インド会社を設立するなど，積極的な海外進出をはかることとなる。

　トマス゠モアは 1477 年か 1478 年にロンドンでうまれた。1492 年，オッ

クスフォード大学に入学し，ルネサンス゠ヒューマニズムを身につける。
1499年から修道院に寄宿する。1501年，リンカンズ法学院を卒業して，法
廷弁護士の資格を取得する。1504年，庶民院議員に当選する。1515年，ヘ
ンリ8世によってベルギーのフランドルに外交使節の一員として派遣され，
翌1516年に『ユートピア』を出版した。1523年，庶民院議長に選出され，
1529年には最高官職たる大法官に就任した。1534年，ヘンリ8世によるカ
トリック教会からの離脱に反対したため投獄され，翌35年に反逆罪で斬首刑
に処された。その400年後の1935年に教皇はモアを列聖した。それはアド
ルフ゠ヒトラーのカトリック教徒弾圧にたいする抗議を意味した[1]。1980年
代にはカトリック教徒のおおいポーランドで民主化を要求する自主管理労働組
合「連帯」が非合法化されたとき，モアは「抵抗のシンボル」としてあつかわ
れ，かれの獄中の著作がポーランド語に翻訳出版された。本章は『ユートピア』
にあらわれたモアの政治思想を検討するものである。

1　イギリスの現状批判

　『ユートピア』は1515年にモアがベルギーのアントウェルペンでラファエ
ル゠ヒュトロダエウスという人物と対話する設定になっている。ヒュトロダエ
ウスはポルトガル人であり，ヴェスプッチの航海に同行していた[2]。15世紀
末にかれが滞在していたイギリスでは，いたるところで泥棒に死刑が執行され
ていた[3]。泥棒を減少させるには，かれらに生計をたてる手段を提供して，窃
盗をする必要も，そのために死刑になる必要もなくすべきであった[4]。こうし
た事態を招来したのはイギリスの羊であった[5]。羊は通常，非常におとなしく
て労せず肥育しうるのに，貪欲・乱暴になり，人間をのみこんで，畑・家屋・
町を荒廃させ，住民を減少させていた[6]。すなわちもっとも上等にして高価な
羊毛を産出する地方では，貴族たちが耕作地をなくして牧草地としてかこいこ
み，小作人をおいたてていた[7]。したがって，農耕を復活させるなどして，正
業を創出することが必要であった[8]。イギリス政府は泥棒を養成し，処罰して

いるにすぎなかった。

　ヒュトロダエウスによれば，ユートピアでは，プラトンの考案したように，あらゆるものを共有としていた[9]。私有財産をもって，万物を金銭的な価値基準で評価するところで，国家が正義を有するか繁栄することは，ほとんどありえなかった[10]。また，もろもろの立法をおこなっているのに，のぞましい秩序を樹立することもできなかった。入手したものを自己の財産と称しているところでは，法律を毎日制定しても，他者の所有物と区別することができず，無数のあらたな際限のない訴訟が提起されていた[11]。プラトンは公共の福祉のために，あらゆる点で平等を維持しなければならないことを予見していた[12]。しかるに，各人が私有財産をもつところでは，物資が豊富でも，少数のひとびとがそれを分配し，のこりのひとびとは貧困であった。富者は貪欲・不徳・無益であって，貧者は行儀よく質素・勤勉であったにもかかわらずである。私有財産を全廃しなければ，物資を公正に配分することも，人間にかんすることがらに幸福をみいだすこともできず，人類の大多数をしめる最善のひとびとを貧困・不幸にするであろう。立法は悪弊を緩和するにすぎなかった。

　こうしたヒュトロダエウスの主張にたいしてモアは，あらゆるものが共有だと満足な生活はありえないと反論する[13]。各人が自己利益という動機をもたず，他者の勤労に依存して怠惰になれば，十分な物資の供給は不可能であり，入手したものを法的に所有することができなければ，殺害と暴動が継続するにちがいないからである。ヒュトロダエウスはユートピアで5年以上生活したという設定になっており，モアがユートピア島について説明してほしいと依頼するところで『ユートピア』第1巻はおわっている[14]。

2　ユートピアにおける理想像の提示

［1］起　　源

　ヒュトロダエウスによれば，ユートピアは，ユートプスという人物が大陸とつながっていた土地を掘削して，海でかこむようにした島である[15]。なお，

こうしたモアの着想にたいしては，先住民を視野にいれた普遍主義的な世界観を構想したスペインの神学者フランシスコ゠デ゠ビトリアと比較して，異民族との関係を軽視しているという批判がある[16]。

［2］都会と農村

ユートピア島には54の都市国家がある。いずれも広大・豪華で，言語・習慣・制度・法律はまったくおなじで，構造も同様で，外見もほとんどおなじであった。首都名はアマウロートゥムである。

農村には農具の完備した農家が散在している[17]。そこに居住するのは都会からくる市民であり，かれらは農村で2年生活すると都会に帰還する。このように農民を交代させるのは，何人にも重労働をながく継続させないためであった。農民は土地を耕作し，家畜を飼育し，樹木を伐採して都会へ運搬している。かれらが穀物を栽培するのは，パンをつくるためだけである[18]。かれらはワインをのむけれども，ビールをのまなかった。

都会では各戸が一列にならび，何人にたいしても出入を許可している[19]。私有財産がどこにもなく，10年ごとに家屋を抽選によって交換していた。ユートプスがユートピア島を征服した紀元前3世紀の家屋は粗末だったけれども，ヒュトロダエウスがいたときには，3階建の堂々たる外観を有していた。

［3］役 人

各都市国家では，30世帯ごとに毎年1名の役人を部族長として選出していた[20]。10名の部族長のうえに部族長頭領がおかれる。200名の部族長は，民衆が指名した4名の候補者のなかから1名を，秘密投票によって都市頭領に任命する。都市頭領という官職は，僭主制を志向した容疑で追放されないかぎり終身とされていた。

公益にかんすることがらについて，長老会議か民会のそとで協議するのは，死刑にあたいする犯罪とみなされた[21]。都市頭領と部族長頭領が共謀して，僭主制によって民衆を抑圧して国家を変革することを阻止するためである。

［4］労　　働

　職業は，万人に共通の農業のほかに，毛織業か亜麻織業か石工職か金工職か大工職があった。

　仕立業はなかった[22]。衣服は男女間と独身・既婚者間での区別をのぞけば，同一の形態のものであって，各家庭でつくっていた。男性だけでなく女性もそれぞれ，農業のほかにいずれか1つの技術を習得していたけれども，女性は概して毛織か亜麻織をしていた。

　ユートピア人は1日のうち6時間のみを労働にあてていた。すなわち午前中に3時間労働し，昼食後に2時間休憩してから3時間労働し，夕食後，午後8時に就寝する。睡眠は8時間を要した。かれらの労働は6時間だけであったけれども，生活必需品は不足しなかった[23]。他国では女性——女性が多忙なところでは男性——や司祭や地主などの怠惰なひとびとが存在するとともに，贅沢と放蕩のみに役だつ無駄にして余計なおおくの職業に従事する必要があった[24]。このようなユートピアの労働形態を，現代におけるワークシェアリングの原型と位置づけることもできよう[25]。

　ただし，ユートピアには学問を研究するために労働を免除されたひとびとがいる[26]。こうした学者のなかから外交使節・司祭・部族長頭領・都市頭領が選出された[27]。

　労働時間の短縮が公示されることもあった[28]。その理由は，国家の唯一の目標である，全市民をできるかぎり肉体労働から解放して「精神の自由と陶冶」に専念させることにあった。ユートピア人はそこに人生の幸福が存するとかんがえていた。

［5］市民相互の関係

　都会における1世帯あたりの成人の人数は，11名から15名と規定されている[29]。未成年者については，固定されていない[30]。

　ユートピア島の人口が定数を超過すれば，市民は先住民がおおくの未耕作の土地を有する近隣の大陸で，自分たちの法律のもとに植民地を形成した。ユー

トピア人は先住民がいとわなければ，かれらと一緒にくらした。これは双方に
とって利益となる。先住民が不毛とみなしていた土地を，ユートピア人が肥沃
にするからである。ユートピア人は自分たちの法律にしたがって生活すること
を先住民が拒否すれば，かれらを植民地から追放した。先住民が抵抗すれば，
ユートピア人は戦争を遂行した。自分たちの土地を使用しない民族が，それを
「自然の命令 (naturae praescripto / rule of nature)」にしたがって耕作して
生計を維持するはずの他者にたいして，その使用や占有を禁止することは，戦
争のもっとも正当な理由とかんがえられた。ユートピア島の人口が減少すれば，
植民地から帰還する市民によって補充された。このような「自然権」にもとづ
く入植の正当化は以後，イギリス人が北アメリカ・オーストラリア・アフリカ
における「無人の居住地」を先住民から強奪するさいの根拠となった[31]。

　各世帯では最年長者が支配し，妻が夫に，子どもが親に，概して年少者が年
長者に，それぞれつかえていた。あらゆる種類の物資を有する市場には，各世
帯の生産物が搬入され，倉庫に配列される。世帯主はそこで必要とするものを
さがし，金銭をしはらわずに搬出する。あらゆるものが豊富に供給され，何人
も必要以上のものを要求するおそれがなかった[32]。あらゆる生物において，
貪欲を惹起するのは欠乏にたいする恐怖である。とくに人間において，それを
刺激するのは優越感，すなわち所有物を不必要に誇示して他者をしのぐことを
自己の名誉とみなす感情であった。こうした悪徳はユートピアに存在しえなか
った。

　市場のとなりに食品市場があった。屠畜して，その内臓をとるのは奴隷であ
った。市民が動物を食用に解体するのになれることは許可されていなかった。
慈悲という人間本性のなかのもっともすばらしい感情をうしなわせないように
するためと，腐敗物に汚染された空気が伝染病を発生させることのないように
するためである。このようにモアのユートピアは「空間的に差異化された〈外
部〉」を必要とするものであったことに注意しなければならないであろう[33]。

　各部族長の居住するホールでは，30世帯のひとびとが食事をとった。そこ
では重労働を奴隷が，料理・配膳を女性が，それぞれおこなっていた[34]。年

長者は昼食と夕食を開始するさい，教訓をみちびく朗読をおこなう[35]。昼食はみじかく，夕食はながい。夕食時には音楽が演奏され，美味なデザートもあった。農村では，各人が隣人とはなれていたため，自宅で食事をとった。

［6］徳と快楽

　ユートピア人は農村をおとずれて，そこで夕食まえにすることになっている労働をおえていなければ，食物をうけとることができなかった[36]。無為にすごしたり，怠惰な生活をおくったりすることができる場所は，ユートピアのどこにもない。時間を浪費する自由も，仕事をまぬがれる口実もない。ワイン店もビール酒場も売春宿もない。堕落する機会も潜窟も密会所もない。ひとびとは万人の監視下にあるため，平素の労働をおこなうか，良識にかなった方法で余暇をたのしむかの，いずれかをせざるをえない。こうした万人共通の行動は，必然的に豊富な物資をもたらす。それがすべてのひとびとに公正に分配されるので，何人も貧困におちいることはありえなかった。

　ユートピア人は戦争を遂行するためだけに，かれらが所有する財宝を貯蔵している[37]。それを使用するのは，外国の傭兵をやとって自国の市民を危険にさらさないようにしたり，敵を買収したりするためであった[38]。かれらは金銀から便器や，奴隷をつなぐ鎖・足枷をつくるなどして，金銀にたいする評価をおとしめていた[39]。宝石は子どもの装飾品とされた。かれらは富者に敬意を表するひとびとを憎悪していた[40]。

　ユートピア人は，肉体労働から解放された時間を学問研究にあてていた[41]。その内容は，リベラル＝アーツにふくまれる音楽・論理学・算術・幾何学・天文学などであった。かれらのかんがえるところによれば，幸福とは善良な，良識にかなった快楽に存する[42]。ユートピア人は徳を，本性にしたがって生活することと定義する。人間がそうするように，神が創造したからである。本性の支配にしたがうものとは，理性の命令に服従するものを意味した。

　かれらは偽の快楽として衣服や宝石などを追求することをあげる[43]。真の快楽には，魂と肉体の快楽がある[44]。魂の快楽は，知性の活動や真理の観想

にともなうものである。肉体の快楽の第1は感覚的なものであり，音楽によって生じる快楽などをさす。第2は健康である。

［7］法　　律

　ユートピアにおける奴隷は，自国における犯罪によって奴隷にされたか，他国における悪行によって死刑を宣告されたひとびとからなる[45]。

　22歳以上の男性と18歳以上の女性は結婚することができる[46]。婚前交渉は，厳罰の対象となる。離婚が容易に承諾されることはない[47]。姦通者は奴隷とされる。妻の化粧は悪評をまねく[48]。端麗な容姿よりも，夫にたいする正直さと敬意を重視しているからである。

　法律は非常に少数である[49]。教養のあるひとびとにとっては，それで十分だからである。また，ユートピア人はいかなる国家とも条約を締結しない[50]。人間同士の結束を堅固にするのは，契約よりも善意であるとかんがえていたからである[51]。

［8］軍　　事

　ユートピア人は戦争を徹底的に嫌悪していた。男女ともに軍事訓練をおこなっていたけれども，軽率に戦争をはじめることはなかった[52]。かれらがそうするのは，自国の領土を防衛するか，友好国の土地に侵入した敵を撃退するか，僭主制によって抑圧された民族を「人道（humanitatis）」にもとづいて解放するためだけであった――こうした記述から，モアを現代における人道的干渉論の先駆者とみなすことができるかもしれない[53]――。ユートピア人は敵兵を気の毒におもっていた[54]。かれらが君主の狂気によって戦争にかりたてられたことを熟知していたからである。敵国と休戦すれば，それを良心的に継続し，挑発をうけても中断しなかった[55]。

［9］宗　　教

　ユートピア人の信仰は多様であったけれども，全世界の創造と摂理の原因を

帰すべき唯一神が存在するとかんがえる点では，意見が一致していた[56]。ユートプスはユートピアに到着するまえに，島の住民が宗教をめぐって頻繁にあらそっていたことを理解していた[57]。かれはこうした教派間の衝突によって，かれらを征服する機会をえたことに気づいていた[58]。それゆえ，ユートプスは征服後，だれもが自己の選択した宗教を信奉することを合法であると規定した[59]。また，かれが確信するところによれば，自分が真理だと信じていることをすべてのひとがそうかんがえるように，暴力・脅迫によって強要するのは横柄・愚劣であった。とはいえ，ユートプスは魂が肉体と同様に消滅すると，あるいは世界がたんなる偶然によるものであって神の摂理による支配をうけていないと，何人も信じるべきでないと厳命した。それを信じるものは「人間」とも「市民」ともみなされなかった。法律以外におそれるものをもたず，肉体を超越したところに希望をもたないので，自分自身の私的欲望を充足させるために，狡猾に法律の網をくぐろうとするか，暴力によって法律に違反しようとするからである[60]。

［10］結　　論

　ニッコロ゠マキァヴェッリの国家が基本的に被治者をふくまない権力機構としての国家であったのにたいして，モアのユートピアはそれをふくむ人的団体としての国家であり「国家（Reipublicae / commonwealth）」と正当に称しうる最善にして唯一のものであった[61]。それ以外のところでは，ひとびとが公共の福祉ではなくて，私益のみを追求していた[62]。ユートピア人は私有物をもたないので，公共の問題に熱心にかかわっていたけれども，ユートピア以外のところでは，自分だけの食糧を確保しなければ餓死するので，他者よりも自己を考慮しなければならなかった。ユートピアでは，万物が万人に属するので，だれもが裕福であった。また，貨幣の使用にともなう金銭欲から完全に解放されていた[63]。貨幣を廃止したことによって，詐欺や窃盗などがなくなり，それにともなう恐怖や不安も消滅していた[64]。ユートピア人は優越感を，すなわち自分が富者であることを誇示して貧者を苦悩させる感情をもたなかった。

モアはユートピアという国家に，実現する可能性がすくないけれども自国に適用したい多数の特徴があるとのべて『ユートピア』第2巻を擱筆している[65]。

おわりに

ユートピアの眼目の1つは私有財産制の廃止にあったといえよう。もっとも，モアは作中で，あらゆるものが共有だと満足な生活はありえないと反論する。各人が自己利益という動機をもたず，他者の勤労に依存して怠惰になれば，十分な物資の供給は不可能であり，入手したものを法的に所有することができなければ，殺害と暴動が継続するにちがいないからである。とはいえ，私有財産制を採用するところでは，ひとびとが公共の福祉ではなくて，私益のみを追求していた。ユートピア人は私有物をもたないので，公共の問題に熱心にかかわっていたけれども，ユートピア以外のところでは，自分だけの食糧を確保しなければ餓死するので，他者よりも自己を考慮しなければならなかったからである。

モアが期待したのは『ユートピア』の読者が経済制度の核となる基本的原理をよみとることであった[66]。それはかれがギリシア・ローマとキリスト教の古典からまなんだ道徳的原理であり，共産主義をヨーロッパに実現するためのプログラムではなくて，富にたいする禁欲的な態度や隣人愛にもとづく相互扶助の義務を教示するものであった。

モアのユートピア思想については，とくに当時のイギリスの現状批判にたいして積極的な評価をすることができよう。しかし，現代では，16世紀のヨーロッパに登場した「世界経済」の「三層構造」における「上層である中核諸国」のみならず「下層である周辺諸国」と「中間層である半周辺諸国」の貧困にたいしても視野をひろげる必要があろう[67]。

1)　田村秀夫『トマス・モア』（研究社，1996 年）262 頁。

2)　More, Thomas, *Utopia*, Edward Surtz and J. H. Hexter ed., *The Complete Works of St. Thomas More*, Vol. IV (New Haven ; London : Yale University Press, 1965), pp. 50-51. 澤田昭夫訳『ユートピア』（中央公論社，改版 1993 年）59 頁。

3)　*Ibid.*, pp. 58-61. 67-69 頁。

4)　*Ibid.*, pp. 60-61. 70 頁。

5)　*Ibid.*, pp. 64-65. 74 頁。

6)　*Ibid.*, pp. 64-67.

7)　*Ibid.*, pp. 66-67. 74-75 頁。

8)　*Ibid.*, pp. 70-71. 78 頁。

9)　*Ibid.*, pp. 100-101. 107 頁。

10)　*Ibid.*, pp. 102-103. 110 頁。

11)　*Ibid.*, pp. 102-105. 111 頁。

12)　*Ibid.*, pp. 104-105.

13)　*Ibid.*, pp. 106-107. 113 頁。

14)　*Ibid.*, pp. 108-109. 116 頁。

15)　*Ibid.*, pp. 112-113. 121 頁。

16)　Ortega, Martin C., "Vitoria and the Universalist Conception of International Relations," Ian Clark and Iver B. Neumann ed., *Classical Theories of International Relations* (Basingstoke : Macmillan in association with St. Antony's College, Oxford ; New York : St Martin's Press, 1996), pp. 114-115. 松森奈津子訳「ビトリアと国際関係の普遍主義的構想」押村高・飯島昇藏訳者代表『国際関係思想史：論争の座標軸』（新評論，2003 年）150 頁。

17)　More, T., *Utopia*, pp. 114-115. 澤田訳 122 頁。

18)　*Ibid.*, pp. 116-117. 124 頁。

19)　*Ibid.*, pp. 120-121. 127 頁。

20)　*Ibid.*, pp. 122-123. 130 頁。

21)　*Ibid.*, pp. 124-125. 131 頁。

22)　*Ibid.*, pp. 126-127. 133 頁。

23)　*Ibid.*, pp. 128-129. 136 頁。

24)　*Ibid.*, pp. 128-131. 137 頁。

25)　菊池理夫「モアの『ユートピア』と現代」石崎嘉彦・菊池理夫編『ユートピアの再構築：『ユートピア』出版 500 年に寄せて』（晃洋書房，2018 年）25 頁。

26)　More, T., *Utopia*, pp. 130-131. 澤田訳 138 頁。

27)　*Ibid.*, pp. 132-133. 139 頁。

28)　*Ibid.*, pp. 134-135. 141 頁。

29)　*Ibid.*, pp. 134-137. 142 頁。

30)　*Ibid.*, pp. 136-137.

31)　Armitage, David, *The Ideological Origins of the British Empire* (Cambridge : Cambridge University Press, 2000), p. 97. 平田雅博ほか訳『帝国の誕生：ブリテン帝国のイデオロギー的起源』（日本経済評論社，2005 年）128 頁。

32)　More, T., *Utopia*, pp. 138-139. 澤田訳 144 頁。

33)　菊池理夫『ユートピアの政治学：レトリック・トピカ・魔術』（新曜社，1987 年）149 頁。

34)　More, T., *Utopia*, pp. 140-141. 澤田訳 147 頁。

35)　*Ibid.*, pp. 144-145. 149 頁。

36)　*Ibid.*, pp. 146-147. 152 頁。

37)　*Ibid.*, pp. 148-149. 154 頁。

38)　*Ibid.*, pp. 148-151.

39)　*Ibid.*, pp. 152-153. 157 頁。

40)　*Ibid.*, pp. 156-157. 161 頁。

41)　*Ibid.*, pp. 158-159. 162 頁。

42)　*Ibid.*, pp. 162-163. 166 頁。

43)　*Ibid.*, pp. 166-169. 170-172 頁。

44)　*Ibid.*, pp. 172-173. 176 頁。

45)　*Ibid.*, pp. 184-185. 188 頁。

46)　*Ibid.*, pp. 186-187. 190 頁。

47)　*Ibid.*, pp. 190-191. 193 頁。

48)　*Ibid.*, pp. 192-193. 196 頁。

49)　*Ibid.*, pp. 194-195. 197 頁。

50)　*Ibid.*, pp. 196-197. 199 頁。

51)　*Ibid.*, pp. 198-199. 202 頁。

52)　*Ibid.*, pp. 200-201. 203 頁。

53)　Heraclides, Alexis and Ada Dialla, *Humanitarian Intervention in the Long Nineteenth Century : Setting the Precedent* (Manchester : Manchester University Press, 2015), p. 18.

54)　More, T., *Utopia*, pp. 204-205. 澤田訳 208 頁。

55)　*Ibid.*, pp. 214-215. 216 頁。

56)　*Ibid.*, pp. 216-217. 218 頁。

57)　*Ibid.*, pp. 218-219. 221 頁。

58）　*Ibid.*, pp. 218-221.

59）　*Ibid.*, pp. 220-221.

60）　*Ibid.*, pp. 220-223. 223 頁。

61）　*Ibid.*, pp. 236-237. 238 頁。

62）　*Ibid.*, pp. 238-239.

63）　*Ibid.*, pp. 240-243. 242 頁。

64）　*Ibid.*, pp. 242-243.

65）　*Ibid.*, pp. 246-247. 246 頁。

66）　塚田富治『トマス・モアの政治思想：イギリス・ルネッサンス期政治思想研究序説』（木鐸社，1978 年）221 頁。

67）　Wallerstein, Immanuel, *The Capitalist World-economy : Essays* (Cambridge [Cambridgeshire] ; New York : Cambridge University Press, 1979), pp. 6, 23. 藤瀬浩司・麻沼賢彦・金井雄一訳『資本主義世界経済 I：中核と周辺の不平等』（名古屋大学出版会，1987 年）7, 27 頁。

近世(17・18世紀)

[第6章]
ホッブズ

はじめに

　イギリス国王ジェイムズ1世（在位 1603-1625 年）は王権神授説をとなえ，国会を無視した新税の徴収などによって国民の批判をまねいた。ジェイムズ1世の子チャールズ1世（在位 1625-1649 年）は，1628 年に国会が国王の専制政治を批判して権利の請願を可決した翌年，国会を解散した。1640 年にチャールズ1世は国会を再開したけれども対立し，イギリス革命を招来した。1642年には王党派と議会派のあいだで内戦が勃発した。後者の中心となったのはイギリス国教会の改革をめざしたピューリタンであった。かれらはジャン＝カルヴァンの宗教改革のながれをくんで，信仰上の個人主義や禁欲的な道徳観を有していた。1649 年，オリヴァ＝クロムウェルは議会派を勝利にみちびき，チャールズ1世を処刑して，共和制を樹立した。

　トマス＝ホッブズはスペインの無敵艦隊が襲来すると噂された 1588 年に恐怖との「双生児」としてイギリス国教会の牧師の家にうまれた[1]。オックスフォード大学を卒業後，貴族の家庭教師をつとめた。1640 年にパリに亡命し，1651 年『リヴァイアサン』を出版したあと，帰国した。1679 年に死去した。『リヴァイアサン』の目的は，コモンウェルス（国家）とよばれる「偉大なリヴァイアサン」の本性を叙述することにある[2]。第1部はコモンウェルスの素材・製作者である人間について考察する[3]。第2部はコモンウェルスを創出する信約と，主権者の権利と正当な権力か権威と，それを維持・解体するものを検討する。本章はこれらにもとづいて，ホッブズの政治思想の特質を解明する

ものである。なお，リヴァイアサンとはもともと『旧約聖書』に登場する海中の怪物であって，それを支配しうるものが地上にいない最強の生物とされる[4]。ホッブズはこれに巨大な国家権力を象徴させている[5]。

1　人　間　論

［1］感　　覚

　感覚の原因は，外部の物体すなわち対象にある[6]。感覚は，視覚・聴覚・嗅覚・味覚・触覚からなる。

［2］想　　像

　想像とは，対象を除去したり目をとじたりしたのち，みたものの影像を保持することである[7]。

［3］影像の連続

　ある思考がほかの思考に継続することを，心の説話という[8]。

［4］こ　と　ば

　ことばは，名辞とその結合からなる[9]。それによって，ひとびとは自分の思考を記録し，相互の効用と交際のために公表する。ことばがなければ，ひとびとにはライオン・熊・狼とおなじく，コモンウェルスも社会も契約も平和もなかった。

［5］推理と科学

　推理とは，ある名辞からほかの名辞への連続を概念することである[10]。それは，勤勉によって獲得される[11]。すなわち名辞を適切に付与し，ある名辞とほかの名辞を結合し（断定），ある断定とほかの断定を結合し（三段論法），当面の主題に属する名辞のすべての帰結にかんする知識（科学）に到達する。

［6］情念とことば

　情念をうみだす最初の内的な端緒は，想像力である [12]。情念は一般に，直説法で表現されうる [13]。わたくしは愛する，熟慮する，命令する，というようにである。

　ただし，熟慮は仮定法で表現される。これをすれば，あれがつづくだろう，というようにである。意欲と嫌悪は命令法でしめされる。これをせよ，あれをひかえよ，というようにである。

［7］論究の終了

　論究は，知識の獲得か放棄によって終了する [14]。

［8］知的な徳とその反対の欠陥

　知的な徳とは，ひとびとが称賛・評価して，自分自身のなかにあることを意欲するような精神の能力であり，すぐれた知力と呼称される [15]。それには自然の知力と獲得された知力がある。自然の知力は，方法・訓練・指導なしに経験によってえられる知力であり，迅速な想像と目的への確固たる志向からなる。獲得された知力は，方法・指導によって獲得された知力であり，推理を意味する [16]。

　ホッブズによれば，財産・知識・名誉にたいして，おおきな情念のないひとは，不快をあたえない善人かもしれないけれども，おおきな想像力やゆたかな判断力をもちえない。よわい情念をもつことを遅鈍と，なにごとにも差別なく情念をもつことを眩惑・懊悩と，なにごとにもはげしい情念をもつことを狂乱という。

［9］知　　識

　知識には，事実についての知識すなわち感覚・記憶と，ある断定のほかの断定への帰結についての知識すなわち科学がある [17]。

［10］力・価値・位階・名誉・適任性

力とは，利益を獲得するための道具を意味する[18]。それには，生得的な力と手段的な力がある。前者は身体か精神の能力の優越であり，具体的には大力・容姿・慎慮・技芸・雄弁などがある。後者は力をさらに獲得するための道具・手段であり，たとえば財産・評判・友人・幸運などである。

価値とは，あるひとの価格をさす[19]。それは自己ではなくて他者が決定する。

位階とは，あるひとの公共的な価値であり，コモンウェルスがつけるものである[20]。

公爵・伯爵・侯爵・男爵というような名誉の称号は，コモンウェルスの主権者がつけた価値をあらわすものである[21]。

適任性とは，それにふさわしいといわれることがらについての特殊な力か能力をさす[22]。もっとも，あるひとがある財産・職務・業務にふさわしいとしても，それを他者に優先して有する権利を主張することはできなかった。

［11］態　　　度

ホッブズは態度ということばを，平和と統一のなかで共生することにかかわる人類の性質という意味でもちいている[23]。かれは全人類の一般的性向として，死去するまで力をもとめつづける意欲をあげている。それが生じるのは，現在もっている，安楽に生活するための力と手段を確保するのに，それ以上を獲得しなければならないためである。国王が最大の力をもちながら，国内では法によって，国外では戦争によって，その力を拡大しようとするのは，こうした理由による[24]。

［12］宗　　　教

人間が1つの永遠・無限・全能の神をみとめた理由は，ある効果が生じるのをみて，その直接の原因を推理し，さらにその原因を推理し，原因の追究に沈潜したひとが，第一起動者すなわちすべてのものごとの最初にして永遠の原因が，あるにちがいないという結論に到達したことにある[25]。

［13］人類の自然状態

　ひとびとはうまれながらに平等である[26]。たとえば，肉体的な弱者も陰謀・共謀によって強者を殺害することができるからである。平等から不信が生じる[27]。2名のひとが同一のものごとを意欲し，ともに享受することができなければ，かれらはたがいに敵となるからである。不信から戦争が生じる。この相互不信から自己を安全にしておくには，先制することが妥当となるからである。

　人間の本性のなかには，競争・不信・満悦がある[28]。ひとびとは競争のために利得を，不信のために安全を，満悦のために名声を，それぞれもとめて暴力を使用する。

　ひとびとは，かれらすべてを威圧しておく共通の権力がなければ，戦争状態にある。それは，各人の各人にたいする戦争である。そこでは，勤労の果実が確実でないため，土地の耕作がない。人間の生活は孤独でまずしく，つらく残忍でみじかい。

　死への恐怖と，快適な生活に必要なものごとにたいする意欲と，それらを自己の勤労によって獲得する希望が，ひとびとを平和にむかわせる[29]。理性は都合のよい平和の条項を示唆し，ひとびとは協定を締結する。

　なお，ホッブズは『市民論』（1642年）において国際関係を，共通の権力がない自然状態すなわち戦争状態とみなしている[30]。自然状態には秩序を強制する高次の支配者が存在しないため，各人の各人にたいする戦争だけがあり，そこでの生活がつらく残忍でみじかいとみなすホッブズは，国際政治にかんするリアリズム（現実主義）の先駆者とされる[31]。こうした立場から，国際法規を信頼しえず，真の安全保障と自由な秩序の擁護・促進が軍事力の保持・行使になお依拠する，無政府状態の「ホッブズ的な」世界において力をおよぼしている現代のアメリカ合衆国を肯定する見解もある[32]。しかし，ホッブズは国際関係について，ほとんどなにも著述していない[33]。ひとびとが国内政治において自然状態を脱却してコモンウェルスを設立するように，国際政治のなかで世界政府を樹立する必要があるとはのべていない[34]。国際的なリヴァイアサンを登場させてもいない[35]。かれの国内政治論を安易に国際政治論に適

用することには慎重でなければならないといえよう。

［14］第1・第2の自然法と契約

　自然権とは，各人が生命を維持するために，意志するとおりに自分の力を使用する自由を意味する³⁶⁾。自然法とは，理性によって発見された戒律すなわち一般法則である。それによれば，各人は平和を獲得する希望があるかぎり，それにむかって努力すべきである³⁷⁾。第1の自然法は，平和をもとめて，それにしたがえということである。第2の自然法は，平和と自己防衛のために必要だとおもうかぎり，他者もまたそうであるばあいには，すべてのものにたいする権利を放棄して，他者とおなじ程度の自由をもつことに満足すべきであるということである。

　権利の相互的な譲渡を，契約という³⁸⁾。契約者の一方が，契約されたものを譲渡して，相手方が履行するまで放任・信頼しておくばあい，この契約は協定か信約とよばれる。

［15］その他の自然法

　第3の自然法は，むすばれた信約を履行すべきだということである³⁹⁾。第4の自然法は，他者から便益をうけたひとは，他者がその善意を後悔することのないように努力することである⁴⁰⁾。第5の自然法は，自己を他者に順応させるように努力することである⁴¹⁾。第6の自然法は，過去に罪をおかしたものが悔悛して許容をのぞむならば，その罪を許容すべきであるということである。第7の自然法は，復讐にさいして過去の悪ではなく，将来の善に注目することである。第8の自然法は，行為・ことば・表情・身ぶりによって，相手にたいする憎悪か軽蔑を表明しないことである⁴²⁾。第9の自然法は，他者を自分と平等なものとして承認することである。第10の自然法は，平和の状態にはいるにあたって，自分だけの特別な権利の留保をもとめないことである。第11の自然法は，ひとびとの裁決を信託されるものが，かれらを平等にとりあつかうことである⁴³⁾。第12の自然法は，分割しえないものについては，可

能であれば共有することである。第13の自然法は，分割も共有もできないものについては，権利の所在を抽選によって決定することである。第14の自然法は，同様のものについて，若干のばあいには，長男子単独相続権をみとめるべきだということである。第15の自然法は，平和を仲介するすべてのひとびとに，行動の安全を許容することである。第16の自然法は，論争しているひとびとが仲裁者の判断に服従することである[44]。第17の自然法は，だれもが自分自身の訴訟事件において，適切な仲裁者ではないということである。第18の自然法は，どのような訴訟事件においても，不公平なひとを仲裁者としてうけいれるべきではないということである。第19の自然法は，事実についての論争において，裁判官は第三者を信用しなければならないということである。

　これらの自然法に共通するのは，自分にしてもらいたくないことを，他者にしてはならないということであった[45]。

［16］人格・本人・人格化

　「人格（Person）」とは，その言動が自分のものであるか，他者の言動を代表するものとみなされるひとをさす[46]。前者は自然的人格と，後者は人為的人格と，それぞれ呼称される。Persona というラテン語は，舞台で使用する仮面を意味した。人為的人格たる「行為者（Actor）」の言動は「本人（Author）」に帰属する。行為者は本人の「権威（Authority）」によって行為する。

　群衆は，1名のひとか1つの人格によって代表されるときに，1つの人格となる[47]。かれらは代表者の言動の本人として理解される[48]。かれらは代表者に権威をあたえる。

2　コモンウェルス論

［1］コモンウェルスの目的・発生・定義

　コモンウェルスの目的は，諸個人の安全保障にある[49]。

　ひとびとを外国人の侵入や相互の侵害から防衛し，かれらの安全を保障して，かれらが自己の勤労と土地の産物によって自己をやしない，満足して生活しうるようにする共通の権力を樹立する唯一の方法は，ひとびとのすべての権力を1名の人間か1つの合議体にあたえることである[50]。そのときに各人は各人にたいして以下の信約をむすぶ。「わたくしはこのひとかひとびとの合議体を権威づけ，それに自己を統治する権利をあたえる。それはあなたもおなじようにして，あなたの権利をかれにあたえ，かれのすべての行為を権威づけるという条件においてである。」こうして一人格に統一された群衆は，コモンウェルスとよばれる。

　コモンウェルスとは1つの人格であって，かれの行為については，群衆がそのなかの相互の信約によって，かれらの各人すべてを，それらの行為の本人とする。この人格が，かれらの平和と共同防衛に好都合とかんがえるところにしたがって，かれらすべての力と手段を利用しうるようにするためである[51]。この人格をになうものが主権者であり，主権をもつ。それ以外のものは臣民とよばれる。

　コモンウェルスには，獲得によるものと設立によるものがある。前者はひとが自分の子どもを，あるいは戦争によってかれの敵を，かれの統治に服従させることによってできるものである。後者は，ひとびとがかれら自身のあいだで協定して，あるひとかひとびとの合議体に，すべてのひとを保護してくれることを信頼して，意志的に服従することによってできるものである。

［2］設立によるコモンウェルスにおける主権者の権利

　臣民は統治形態を変更することも，主権を剥奪することもできない[52]。臣民が多数派の宣告した主権設立に抗議することも，主権者の行為を非難することも不正である[53]。臣民が主権者を処罰することはできない[54]。主権者は臣民の平和と防衛に必要なことがらにかんする判定者である。したがって，いかなる意見・学説が平和に反対しているか，貢献しているかについての判定者である[55]。

　主権者は，臣民が享受しうる財貨とおこないうる行為をしることのできる規則をつくる権力を有する[56]。その他の主権としては，論争にかんするすべての裁判と判決の権利，和戦をおこなう権利，和戦の忠告者・代行者をえらぶ権利，臣民に報酬をあたえたり処罰したりする権利，臣民に名誉の称号をあたえたり位階を指定したりする権利があげられる[57]。

　主権を分割することはできない[58]。これらを国王・貴族・庶民院に分割するという意見が，内乱を惹起した。このような無制約な権力をみとめれば，臣民はそれを掌握するひとかひとびとの抑圧をうけやすくなるという批判も予想されたけれども，ホッブズは，内乱にともなう悲惨とおそるべき災厄のほうが重大であると論断した[59]。

［3］設立によるコモンウェルスの種類と主権の継承

　設立によるコモンウェルスは，代表が1名のひとであれば君主制と，そこに集合する意志をもつすべてのものの合議体であれば民主制と，一部分だけの合議体であれば貴族制と，それぞれ呼称される[60]。

　いずれの形態においても，主権者がなくなって戦争状態にもどることのないように，主権を継承させる権利が必要である[61]。民主制においては，統治される群衆がいるかぎり合議体があるので，継承権にかんする問題は存在しない[62]。貴族制においては，合議体のだれかがなくなったとき，かれの空席をみたすものの選挙を，主権者としての合議体がおこなう。君主制においては，主権を占有している君主が権力をだれに継承・相続させるかを，かれの明言したことばや遺書によって決定する。

［4］父権的支配と専制的支配

　獲得によるコモンウェルスには，父権的支配と専制的支配がある。前者は親が子どもにたいして生殖による支配の権利をもつものであり，後者は征服や戦争の勝利によって支配を獲得するものである[63]。

［5］臣民の自由

　臣民の自由は，かれらの行為を規制する主権者が黙過したことがらにのみ存
する[64]。それは売買・契約すること，住居・食物・生業をえらぶこと，子ど
もを教育することなどである。

　主権者の命令が，主権をさだめることの目的に反するばあい，臣民は拒否す
る自由をもつ[65]。したがって，自発的におこなうのでなければ，戦争するよ
うに拘束されることはない。この記述から，戦争が発生したときの個人と国家
の関係は，後者の生命の安全が絶対的に優越するという信念がうかがえ
る[66]。戦争と平和の問題について，国家利益ではなくて個人の人命尊重を基
点にしてかんがえることを，ホッブズの平和思想からまなぶことができよ
う[67]。

［6］政治的組織と私的組織

　政治的組織（政治体）とは，コモンウェルスの主権からでた権威がつくるも
のである[68]。私的組織とは臣民か，外国人からでた権威が構成するものである。
私的組織のうち，コモンウェルスの許容したもののみが合法で，それ以外は非
合法である。政治的組織にかんしては，主権者以外のなにものも，かれが許可
しなければ，その代表たりえない[69]。臣民の政治体に絶対的代表をもつこと
を許可すれば，支配をかれらの平和と防衛に反して分割することになるからで
ある。

　政治的組織の具体例としては，植民地や都市の統治のための政治体，交易を
秩序づけるための政治体，主権者に忠告をあたえるための政治体などがあげら
れる[70]。私的組織については，合法的なものとして家族，非合法なものとし
て盗賊のほかに，教皇の権威によってイギリスで，そのコモンウェルスの権力
に反対する教義を宣布しうるローマ゠カトリック教会のようなものがある[71]。

［7］主権の公共的代行者

　公共的代行者とは，主権者から命じられた業務において，そのコモンウェル

スの人格を代表するものを意味する[72)]。行政・軍事・教育・司法・警察などのための代行者が存在する[73)]。

［8］コモンウェルスの栄養と生殖

コモンウェルスの栄養は，海陸の財貨に存する[74)]。その生殖とは，植民を意味する[75)]。

［9］忠　　告

命令とは，それをおこなうもの自身の便益を主張するものであるのにたいして，忠告とは，その相手の便益をはかるものである[76)]。ひとが命令されたことを実施する義務はあっても，忠告されたとおりに実施する義務はない[77)]。

［10］市 民 法

市民法（国内法）とは，臣民にたいする規則である[78)]。それは，コモンウェルスが書面などによって臣民に命令したものである。その目的は，正邪すなわち規則に反するものとそうでないものを区別することにある。

主権者は立法者であり，市民法に臣従せず，かれを困惑させる法を廃止して新法をつくることができる[79)]。

法は義務を，権利は自由を，それぞれ意味する[80)]。

［11］犯罪・免罪・減刑

犯罪とは法が禁止することの遂行か，法が命じていることの回避に存する[81)]。もっとも，すべての犯罪が同一の程度であるわけではない[82)]。ひとが死の脅威によって法に反することをおこなうように強制されるならば，全面的に免罪される[83)]。いかなる法もひとを，自己の生命を放棄するように義務づけることはできないからである。また，法が有罪としているけれども立法者が暗黙に是認する事実は，微罪とみなされる[84)]。たとえば，法が決闘を有罪としているけれども，それを拒否すれば軽蔑され，あざけられるとき，主権者の

好評をえるために決闘を受諾することは，減刑されるべきであった[85]。

［12］処罰と報酬

　処罰とは，公共的権威が法の侵犯をしたものにくわえる害である[86]。その目的は，ひとびとの意志をよりよく従順へむかわせることにある。もっとも，コモンウェルスの代表を処罰することはできない[87]。コモンウェルスの代表にたいする害は，処罰ではなくて敵対的な行為とみなされる。

　報酬には，契約による給料・賃金と，贈与による恩恵がある[88]。前者は，奉仕にたいして当然にうけるべき便益である。後者は，それをあたえるひとびとに奉仕するよう，ほかのひとびとを激励するためのものである。コモンウェルスの主権者がなんらかの公共的職務について給料を指定したばあい，それをうけとるものは，かれの職務を遂行するよう拘束される。

［13］コモンウェルス解体の原因

　コモンウェルス解体の原因の第1は，絶対的権力の欠如である[89]。第2は，以下の6つの「騒乱的な」学説である[90]。①各私人が善悪の行為の判定者であるということ。ホッブズによれば，善悪の行為の尺度は市民法であり，判決をくだすのは立法者すなわちコモンウェルスの代表であった。②ひとがかれの良心に反してすることは，すべて罪であるということ。これは自分自身を善悪の判定者とする僭越にもとづくものである。③霊感をうけたと称すること。これは，善悪の判定をひきうけるか，超自然的な霊感をあたえられると称するような私人を，その判定者とする過誤をもたらす。④主権を有するものは，市民法に臣従するということ[91]。⑤すべての私人はかれの財貨について，主権者の権利を排除するような絶対的所有権をもつということ。⑥主権を分割しうるということ[92]。

　コモンウェルス解体の原因の第3は，隣国の模倣である。自国とことなる統治の例はひとびとを，既定の統治形態を変更しようという気もちにさせる。

　第4は，霊的権力と現世的権力の対抗である[93]。これによってコモンウェ

ルスは，内乱と解体の危険のなかにおかれる。

　第 5 は，混合統治である[94]。国王と一般的合議体（庶民院）ともう 1 つの合議体（貴族院）がそれぞれ人民の人格をになうとすれば，それは 1 つの人格・1 名の主権者ではなくて 3 つの人格・3 名の主権者となる。

　戦争および内戦に敗北して臣民を保護しえなくなったとき，コモンウェルスは解体する[95]。そのとき，各人は自己の裁量にしたがって自分を保護する自由をもつ。

［14］主権者の職務

　主権者の職務は，主権を信託された目標に存する[96]。それは，人民の安全の達成である。主権のどのような本質的な権利を放棄することも，主権者の義務に反する。そうすればコモンウェルスは解体して，各人はほかの各人との戦争状態にもどるからである。それは，最大の悪であった。

　主権者は，司法や和戦などの権力を放棄してはならなかった。また，人民にこれらの権力の基礎についておしえるよう監視しなければならなかった。コモンウェルスがそれらを行使するときに，ひとびとが抵抗しないようにするためである。

［15］神の自然的王国

　臣民は主権者にたいして，神法に反しないあらゆることについて服従すべきである[97]。もっとも，なにかを世俗権力によって命じられるばあい，それが神法に反するかどうかがわからないと困惑するため，神法をしる必要がある。

　神の王国には自然的なものと予言的なものがある[98]。前者は，神が人類のうちでかれの神慮をみとめるかぎりのおおくのものを，ただしい理性の自然的な指図によって統治するものである。後者は，神がユダヤ人をかれの臣民としてえらびだして，かれらだけを統治するものである。

　神法すなわち自然理性の指図は，自然法と神への尊敬からなる[99]。神への尊敬とは，かれの力と善良さをできるだけ尊重することであり，その敬意がひ

とびとの言動にあらわれたものを，崇拝という。コモンウェルスが神の崇拝の
一部として公共的・普遍的におこなうべきであるとさだめる行為を，臣民もお
こなうべきであった[100]。

おわりに

　ホッブズがもっとも重視したのは，個人の自然権としての生命をまもること
であった。そのためにはコモンウェルスの絶対的権力と主権の一元化が必要で
あった。それを分割すれば，コモンウェルスは解体して，各人はほかの各人と
の戦争状態にもどるからである。それは，最大の悪であった。1883（明治
16）年に旧文部省は『リヴァイアサン』を翻訳し『主権論』と題して出版した。
それは第1部の人間論を排除して，第2部のコモンウェルス論を抄訳したもの
であり『リヴァイアサン』の「自然権＝人権論」を除外して「主権の専制」
を核心にすえようとする翻訳であった[101]。個人の人権にもとづいて国家があ
るのではなくて，国家のもとに個人があるという思想が第二次世界大戦後も存
続しているなかで[102]，ホッブズの真意を正確に理解することの重要性はなお
うしなわれていないといえよう。

1)　　Hobbes, Thomas, *Thomæ Hobbes Malmesburiensis vita carmine expressa*, William
Molesworth ed., *Opera philosophica omnia*, Vol. I (Bristol : Thoemmes Press, 1999),
p. lxxxvi. 福鎌忠恕訳『ラテン詩自叙伝』『東洋大学大学院紀要』第18集（1982年）
14頁。梅田百合香『ホッブズ政治と宗教：『リヴァイアサン』再考』（名古屋大学出版会，
2005年）38頁。

2)　　Hobbes, T., *Leviathan*, Noel Malcolm ed., *The Clarendon Edition of the Works of
Thomas Hobbes*, Vol. II (Oxford : Clarendon Press, 2012), p. 16. 水田洋訳『リヴァイアサ
ン（1）』（岩波書店，改訳1992年）37-38頁。

3)　　*Ibid.*, p. 18. 38頁。

4)　　Cf. "The Book of Job," 41 : 33, Herbert Marks ed., *The Old Testament* (New York, N.Y. :
W. W. Norton, 2012), p. 951. 並木浩一訳「ヨブ記」『旧約聖書IV』（岩波書店，2005年）432

頁。

5）　福田歓一『政治学史』『福田歓一著作集第 3 巻』（岩波書店，1998 年）370 頁。

6）　Hobbes, T., *Leviathan*, p. 22. 水田訳『リヴァイアサン（1）』44 頁。

7）　*Ibid.*, p. 26. 48 頁。

8）　*Ibid.*, p. 38. 58 頁。

9）　*Ibid.*, p. 48. 68 頁。

10）　*Ibid.*, p. 64. 84 頁。

11）　*Ibid.*, p. 72. 91 頁。

12）　*Ibid.*, p. 78. 97 頁。

13）　*Ibid.*, p. 94. 112 頁。

14）　*Ibid.*, p. 98. 117 頁。

15）　*Ibid.*, p. 104. 124 頁。

16）　*Ibid.*, p. 110. 130 頁。

17）　*Ibid.*, p. 124. 146 頁。

18）　*Ibid.*, p. 132. 150 頁。

19）　*Ibid.*, p. 134. 152 頁。

20）　*Ibid.*, p. 136. 153 頁。

21）　*Ibid.*, p. 146. 162 頁。

22）　*Ibid.*, p. 148. 163 頁。

23）　*Ibid.*, p. 150. 168 頁。

24）　*Ibid.*, pp. 150, 152. 169 頁。

25）　*Ibid.*, p. 166. 183 頁。

26）　*Ibid.*, p. 188. 207 頁。

27）　*Ibid.*, p. 190. 208 頁。

28）　*Ibid.*, p. 192. 210 頁。

29）　*Ibid.*, p. 196. 214 頁。

30）　Do., *De Cive : The Latin Version Entitled in the First Edition Elementorvm philosophiæ sectio tertia de cive, and in Later Editions Elementa philosophica de cive*, Howard Warrender ed., *The Clarendon Edition of the Philosophical Works of Thomas Hobbes*, Vol. II (Oxford : Clarendon Press, New York ; Tokyo : Oxford University Press, 1983), p. 180. Do. (Richard Tuck and Michael Silverthorne tr.), *On the Citizen* (Cambridge ; New York : Cambridge University Press, 1998), p. 126. 本田裕志訳『市民論』（京都大学学術出版会，2008 年）215 頁。

31）　Nye, Jr., Joseph S. and David A. Welch, *Understanding Global Conflict and*

Cooperation : An Introduction to Theory and History, 10th ed. (Boston : Pearson, 2017), pp. 4-5. 田中明彦・村田晃嗣訳『国際紛争：理論と歴史』（有斐閣, 2017 年）5-6 頁。

32）　Kagan, Robert, *Of Paradise and Power : America and Europe in the New World Order* (New York : Vintage Books, 2004), p. 3. 山岡洋一訳『ネオコンの論理：アメリカ新保守主義の世界戦略』（光文社, 2003 年）7-8 頁。

33）　Navari, Cornelia, "Hobbes, the State of Nature and the Laws of Nature," Ian Clark and Iver B. Neumann ed., *Classical Theories of International Relations* (Basingstoke : Macmillan in association with St. Antony's College, Oxford ; New York : St Martin's Press, 1996), p. 21. 佐藤正志・和田泰一訳「ホッブズ, 自然状態, 自然法」押村高・飯島昇藏訳者代表『国際関係思想史：論争の座標軸』（新評論, 2003 年）32 頁。

34）　梅田百合香『甦るリヴァイアサン』（講談社, 2010 年）105 頁。

35）　Armitage, David, *Foundations of Modern International Thought* (Cambridge : Cambridge University Press, 2013), p. 67. 平田雅博ほか訳『思想のグローバル・ヒストリー：ホッブズから独立宣言まで』（法政大学出版局, 2015 年）92 頁。

36）　Hobbes, T., *Leviathan*, p. 198. 水田訳『リヴァイアサン（1）』216 頁。

37）　*Ibid.*, p. 200. 217 頁。

38）　*Ibid.*, p. 204. 221 頁。

39）　*Ibid.*, p. 220. 236 頁。

40）　*Ibid.*, p. 230. 246 頁。

41）　*Ibid.*, p. 232.

42）　*Ibid.*, p. 234. 248 頁。

43）　*Ibid.*, p. 236. 250 頁。

44）　*Ibid.*, p. 238. 252 頁。

45）　*Ibid.*, p. 240. 254 頁。

46）　*Ibid.*, p. 244. 260 頁。

47）　*Ibid.*, p. 248. 265 頁。

48）　*Ibid.*, p. 250.

49）　*Ibid.*, p. 254. 水田洋訳『リヴァイアサン（2）』（岩波書店, 改訳 1992 年）27 頁。

50）　*Ibid.*, p. 260. 32-33 頁。

51）　*Ibid.*, p. 262. 34 頁。

52）　*Ibid.*, pp. 264, 266. 36, 38 頁。

53）　*Ibid.*, pp. 268, 270. 40 頁。

54）　*Ibid.*, p. 270. 41 頁。

55）　*Ibid.*, p. 272. 42 頁。

56)　*Ibid.,* p. 274. 43 頁。

57)　*Ibid.,* pp. 274, 276. 44-46 頁。

58)　*Ibid.,* p. 278. 46 頁。

59)　*Ibid.,* p. 282. 49-50 頁。

60)　*Ibid.,* p. 284. 52 頁。

61)　*Ibid.,* p. 298. 62-63 頁。

62)　*Ibid.,* p. 300. 63 頁。

63)　*Ibid.,* pp. 308, 312. 71, 74 頁。

64)　*Ibid.,* p. 328. 90 頁。

65)　*Ibid.,* p. 338. 97 頁。

66)　田中浩『ホッブズ研究序説：近代国家論の生誕』（御茶の水書房，改訂増補版 1994 年）437 頁。

67)　同上 438 頁。

68)　Hobbes, T., *Leviathan,* p. 348. 水田訳『リヴァイアサン （2）』106-107 頁。

69)　*Ibid.,* p. 350. 107 頁。

70)　*Ibid.,* pp. 358, 362, 366. 112, 115, 119 頁。

71)　*Ibid.,* p. 368. 120-121 頁。

72)　*Ibid.,* p. 376. 128 頁。

73)　*Ibid.,* pp. 376, 378, 380, 382. 129-133 頁。

74)　*Ibid.,* p. 386. 137 頁。

75)　*Ibid.,* p. 396. 145 頁。

76)　*Ibid.,* p. 398. 151 頁。

77)　*Ibid.,* p. 400.

78)　*Ibid.,* p. 414. 164 頁。

79)　*Ibid.,* p. 416. 165 頁。

80)　*Ibid.,* p. 450. 194 頁。

81)　*Ibid.,* p. 452. 201 頁。

82)　*Ibid.,* p. 466. 212 頁。

83)　*Ibid.,* p. 468. 214 頁。

84)　*Ibid.,* p. 474. 218 頁。

85)　*Ibid.,* pp. 474, 476. 219 頁。

86)　*Ibid.,* p. 482. 225 頁。

87)　*Ibid.,* p. 486. 229 頁。

88)　*Ibid.,* p. 494. 235 頁。

89)　*Ibid.*, p. 498. 240 頁。

90)　*Ibid.*, p. 502. 242 頁。

91)　*Ibid.*, p. 504. 244 頁。

92)　*Ibid.*, p. 506. 245 頁。

93)　*Ibid.*, p. 510. 249 頁。

94)　*Ibid.*, p. 512. 250 頁。

95)　*Ibid.*, p. 518. 254 頁。

96)　*Ibid.*, p. 520. 259 頁。

97)　*Ibid.*, p. 554. 285 頁。

98)　*Ibid.*, p. 556. 287 頁。

99)　*Ibid.*, p. 560. 290 頁。

100)　*Ibid.*, p. 572. 301 頁。

101)　高橋眞司『ホッブズ哲学と近代日本』（未来社，1991 年）160 頁。

102)　高木仁三郎『市民科学者として生きる』『高木仁三郎著作集第 9 巻』（七つ森書館，
　　2004 年）544 頁。

[第7章]

ロック

はじめに

イギリス革命後，オリヴァ゠クロムウェルは厳格なピューリタニズムを強要したため，国民が反発し，かれの死後にチャールズ1世の子がチャールズ2世（在位 1660-1685 年）として即位した（王政復古）。チャールズ2世は専制的な姿勢をとって国会と対立し，国会には国王の権威を重視するトーリ党と，国会の権利を強調するホイッグ党が誕生した。チャールズ2世の弟ジェイムズ2世（在位 1685-1688 年）が絶対王政を復活させようとしたため，1688年にトーリ党とホイッグ党はオランダにいたジェイムズ2世の長女夫妻を招請し，ジェイムズ2世は亡命した。1689 年にジェイムズ2世の長女夫妻は国会のまとめた権利の宣言をうけいれて，ウィリアム3世・メアリ2世として王位についた（名誉革命）。権利の宣言は権利の章典として制定され，国会主権にもとづく立憲王政が確立した。

ジョン゠ロックは 1632 年，イギリスでピューリタンの家庭にうまれた。1667 年に政治家アントニ゠アシュリ゠クーパ（シャフツベリ伯爵）の秘書となる。ホイッグ党の中心人物であったシャフツベリが亡命先のオランダで客死した 1683 年，ロックも同国に亡命する。1689 年に帰国して『人間知性論』『統治二論』を公刊し，1704 年に死去した。『人間知性論』は心を「文字がまったくない白紙」にたとえて，人間の生得観念を否定した[1]。『統治二論』前篇はロバート゠フィルマとその追随者の「あやまった」原理・論拠を摘発・打倒し，後篇は政治的統治の「真の」起源・範囲・目的を究明している[2]。本章は

主として後者に焦点をあてて，かれの固有権論を中心とする政治思想について
考察するものである。

1　王権神授説の否定

　フィルマの主著『家父長制君主論』はかれの死後，1680年に王党派が出版
したものであり「不自然な人民の自由」に対抗して「自然な国王の権力」を弁
護している[3]。フィルマによれば天地創造によってアダムが全世界にたいして
もった支配，それを権利によってアダムから継承した家父長の支配は，君主の
もっとも絶対的な統治権と同一の範囲をもつものであった[4]。

　しかし，ロックによれば，アダムは世界にたいする統治権をもっていなかっ
た[5]。また，たとえアダムがもっていたとしても，かれの継承者はもっていな
かった。さらに，アダムの継承者がもっていたとしても，だれが正当な後継者
であるかを特定することはできなかった。

　ロックにとって政治権力とは「固有権（Property）」の調整・維持のために
死刑それ以下のあらゆる刑罰をともなう法をつくる権利であり，その法を執行
して外国の侵略からコモンウェルス（国家）を防衛するために共同体の力を行
使する権利であり，しかもそれを公共善のためだけにおこなう権利であった[6]。
ロックのいう固有権とは，今日的用語でいえば，憲法の基本権に相当する[7]。

2　自然状態

　ロックにとって自然状態とは，各人がみずからの適当とおもうままに自分の
所有物や身体を処理することができる完全に自由な状態であると同時に，平等
な状態であった[8]。それは自由の状態であるけれども，放縦の状態ではない[9]。
自然状態を支配する自然法たる理性は，すべての人間が平等で独立しているの
だから，何人も他者の生命・健康・自由あるいは所有物を侵害すべきでないと
命じていた[10]。

すべての人間は自然法の侵犯者を処罰する権利をもち，自然法の執行者となる[11]。かれらは自分自身の同意によって，ある政治社会の成員になるまで自然状態のうちにある[12]。

3 戦争状態

戦争状態とは，敵意と破壊の状態である[13]。自然状態は，ひとびとが理性にしたがってともに生活しながら，かれらに判決をくだす権威をそなえた共通の上位者を地上にもたない状態を意味する。それにたいして，戦争状態は，実力行使やその公然たる企図が存在しながら，救済をうったえるべき共通の上位者が地上にいない状態をさす[14]。戦争状態を回避することは，ひとびとが社会のなかに身をおいて自然状態をはなれる 1 つの重要な理由であった[15]。

4 隷属状態

人間の生命にたいする権力を有するのは神だけなので，人間は契約あるいは自分自身の同意によって自分を他者の奴隷にすることができなかった[16]。また，他者がかれの生命をうばいうるような絶対的・恣意的な権力に身をゆだねることもできなかった。

5 所 有 権

ひとびとはどのようにして，神が人類に共有物としてあたえたもののある部分に「所有権（*property*）」をもつようになったのか[17]。ロックは，ひとが自然からとりだすものに自分の労働を混合したことによって，それをかれ自身の所有物とするとかんがえた[18]。もっとも，だれもが欲するだけのものを独占してよいわけではなかった[19]。すなわち，腐敗するまえに利用しうるかぎりのものについて所有権をもつ。腐敗させたり破壊したりするために神が人間に

むけて創造したものはない。土地の所有権も同様であり，ひとが耕作して，その産物を利用しうるだけの土地が，かれの所有物であった[20]。神が世界をあたえたのは，勤勉にして理性的な人間の利用に供するためであった[21]。その後，人間は貨幣という，腐敗させることなしに保存して生活必需品と交換するものを使用しはじめたことによって，所有物を拡大していった[22]。

　今日では，こうした人間観にたいして，文明諸国による未開世界の包摂と従属を理論化・正当化するものであるという批判がなされている[23]。もっともロック自身は，アジアをふくむ帝国のイデオロギーに自由主義を奉仕させることを意図していたわけではない[24]。両者の共謀をゆるさず，ポストコロニアルな自由主義を創出することが重要な課題となろう[25]。

6　父　　権

　父親の権力は子どもの未成年期をこえておよぶものではない[26]。子どもは両親に尊敬・敬意・恭順をささげなければならないけれども，その義務が父親に息子の固有権や行動にたいする統治権をもたせることはない。

7　政治社会

　ロックは家父長権力を政治権力と区別したけれども，夫と妻の意志がことなるばあい，最後の決定権すなわち支配権が，いっそう有能・強力な男性の手に帰することは自然であるとのべている[27]。これは現代フェミニズムの観点から，家族の統治における絶対主義を正当化するものとして批判されている[28]。

　人間は自分の固有権すなわち「生命・自由・資産」を他者の侵害や攻撃からまもるためだけでなく，他者が自然法をおかしたとき，これを裁決して罰し，死刑にさえ処する権力を，うまれながらに有している[29]。しかし，政治社会では，成員のすべてがその自然権を放棄して，共同体の手にゆだねる[30]。すなわち個々の成員の私的な裁決を排除して，すべての当事者にとって公平・同

一である一定の恒常的な規則によって，共同体が審判者となる。政治社会のうちにあるひとびとは結合して１つの団体をなし，かれらの紛争を解決して犯罪者を処罰する権威をそなえた，共通の確固とした法と裁判所にうったえることができる。自然状態のうちにあるひとびとは，共通のうったえる場を地上にもたない。ほかに審判者がいないから，みずから裁判官・執行官となる。

　コモンウェルスが立法権と，戦争と平和の権力をもつのは，その社会の成員の固有権の保全のためである [31]。したがって，絶対王政は政治社会と相いれないものであった [32]。政治社会の目的は，すべてのひとが自分の係争事件の裁判官となることから生じる自然状態の不都合性を回避・矯正することにある。絶対君主とその被治者の関係はまさに自然状態といえよう。

8　政治社会の起源

　政治社会の拘束のもとに身をおく唯一の方法は，他者と合意して，自分の固有権と，共同体に属さないひとにたいする安全保障を享受することを通じて，たがいに快適・安全・平和な生活をおくるために，１つの共同体に加入し結合することであった [33]。ひとびとが１つの共同体あるいは統治体をつくることに合意したばあい，多数者が決定し，それ以外のひとびとを拘束する権利をもつ [34]。共同体の一体的な行動は，多数者の意志と決定によってのみ可能だからである [35]。ロックは「すべての人間がなんらかの統治のもとにうまれるのだから，いかなる人間もけっして自由ではありえず，自由に結合してあらたな統治体をはじめることもできないし，合法的な統治体を樹立することもけっしてできない」という見解を否定した [36]。すべての人間はうまれながらに自由であって，自分自身の同意のみが，ひとを地上の権力に服従させうる [37]。それには，社会にはいろうという各人の明示的な同意と，ある統治体の領土のなんらかの部分を所有・享有するというかたちでの黙示的な同意がある。永代的な土地の所有だけでなく，わずか１週間の滞在や公道を自由に旅することもそれにふくまれる [38]。

9　政治社会と統治の目的

　ひとがコモンウェルスへと結合して，みずからを統治のもとにおく主たる目
的は，固有権の保全にあった [39]。自然状態ではそのために必要な，制定され
た恒常的な公知の法と，衆知の公平な裁判官と，判決を正当に執行する権力が
欠如していた [40]。

10　コモンウェルスの諸形態

　ロックによれば，民主制とは立法権の所在が多数者にあるものであり，寡頭
制とはそれが少数のえらばれたひとびとにあるものであり，君主制とはそれが
1 名のひとにあるものであった [41]。

　統治の形態は，最高権力である立法権をどこにおくかによって決定するもの
であった。

11　立法権の範囲

　立法権は，国民の生命・財産にたいして絶対的・恣意的なものではな
い [42]。また，一時しのぎの恣意的な法令によって支配する権力でもない [43]。
さらに，いかなる人間からも，その人間自身の同意なしに所有物をうばうこと
ができない [44]。立法府は立法権をほかのいかなるものにも移譲することがで
きない [45]。

12　立法権・執行権・連合権

　立法権は，共同体とその成員を保全するためにコモンウェルスの力をどのよ
うにもちいるべきかを方向づける権利をもつものである [46]。立法権と執行権
を同時にもつと，みずからがつくった法に服従すべき義務から自分だけがのが

れたり，立法・執行を自身の私的な利益に合致させたりするおそれがある。したがって，立法権と執行権を分離する必要があった[47]。

　連合権はコモンウェルスの外部にあるすべてのひとびとや共同体にたいして戦争と和平，盟約と同盟その他すべての交渉をおこなう権力をふくむものである[48]。執行権と連合権を分離することは，ほとんど不可能である[49]。それはコモンウェルスの無秩序と破滅を惹起するであろう。

13　諸権力の従属関係

　立法権は唯一の至高の権力である[50]。もっとも国民は，立法権があたえられた信託に反して行動しているとかんがえるばあい，それを移転・変更する最高権力を保持する[51]。ただし，その国民の権力は，統治が解体してから発生するものである。統治が存続するあいだは，立法権が最高の権力であった[52]。

　執行権・連合権は，立法権にたいして補助的・従属的なものである[53]。

14　国王大権

　国王大権とは法の規定によらず，ときにはそれに反してでも，公共の善のために思慮にもとづいて行動する権力である[54]。それは法をつくるひとの人数がおおすぎて行動が緩慢になるため，法の執行に必要とされる迅速な措置をとることができないなどの理由で，執行権の担当者にのこされる。

15　父権・政治権力・専制権力

　父権とは，子どもの善のためにかれらを支配する権力である[55]。それは子どもが理性をもちいるようになるまで持続するけれども，成人に達したあとは服従させることができない。

　政治権力とは，だれもが自然状態でもっていた権力を社会に譲渡し，社会が

設立した統治者に，社会の成員の善と固有権の保全にもちいるようにという明示的あるいは黙示的な信託を付して譲渡した権力である[56]。その目的・基準は，社会の成員の生命・自由・所有物を保全することである[57]。その起源は，契約と合意すなわち共同体を形成するひとびとの相互の同意にあった。

　専制権力とは，1名のひとがいつでも他者の生命をうばうことのできる絶対的にして恣意的な権力である[58]。それは正当にして合法的な戦争によってとらえた捕虜を隷従させるものであり，契約からは生じえないものであった[59]。

16 征　　服

　征服者は正当な大義を有するばあい，かれに対抗する戦争に助勢・協力したすべてのひとびとの身体にたいする専制的な権力と，自分がうけた損害・犠牲をそうしたひとびとの労働・資産から補填させる権利をもつ[60]。しかし，戦争に同意しなかったひとびとや捕虜の子どもの身体・所有物にたいする権利をもたない。したがって，征服によって，かれらにたいする統治の合法的な権原をもつことも，自分の子孫につたえることもできなかった。

17 簒　　奪

　簒奪とは，他者が権利をもつものを横奪することである[61]。簒奪者すなわち共同体の法が規定した以外の方法によって権力を行使しようとするものは，服従をうける権利をもたない[62]。人民が同意をあたえた人物でないからである。

18 暴　　政

　簒奪とは，他者が権利をもつ権力を行使することである[63]。暴政とは，権利をこえて権力を行使することであり，ひとびとの善のためではなく，自分自身の私的な単独の利益のために権力を利用することである[64]。不正・不法な

暴力にたいしては実力をもって抵抗してよいというのがロックの見解であった[65]。

19　統治の解体

　統治の解体には, コモンウェルスの外部からのものと内部からのものがある。前者は外国勢力の侵攻・征服によって生じる[66]。統治がコモンウェルスの内部から解体するのは, 第1に立法府が改変されるばあいである[67]。それには, 以下の事例が該当する。

① 　君主が, 立法府の宣言した社会の意志である法にかえて, 自分の恣意的な意志をおくばあい[68]。

② 　立法府がその設立の目的にしたがって適当な時期に集合し自由に活動することを, 君主が阻止するばあい[69]。

③ 　君主の恣意的な権力により, 人民の同意もなく, 人民の共通の利益に反して, 選挙人あるいは選挙方法に変更をくわえるばあい[70]。

④ 　君主か立法府が人民を外国の勢力にひきわたすばあい[71]。

⑤ 　最高の執行権をもつものが, その責務をおこたったり放棄したりして, すでにつくられている法を執行しえなくなるばあい[72]。

　統治が解体すれば, 人民はあらたな立法府を設立してよい[73]。

　統治がコモンウェルスの内部から解体する第2の事例は, 立法府か君主が, かれらによせられた信託にそむいて行動するばあい, すなわち臣民の固有権を侵害するばあいである[74]。

　君主か立法府が信託にそむいて行動しているかどうかを裁決するのは, 人民であった[75]。それが拒否されれば, 人民は天 (神) にうったえて, 革命権を行使するだけであった[76]。

おわりに

　ロックによれば，人間の固有権すなわち生命・自由・資産をまもることが統治の目的であった。その形態は，最高権力である立法権をどこにおくかによって決定する。執行権・連合権は補助的・従属的なものであった。立法府か君主が，かれらによせられた信託にそむいて行動し，国民の固有権を侵害するとき，統治は解体する。このような思想は第二次世界大戦後に制定された日本国憲法に継受される。それは人権保障と権力分立の原理にささえられた憲法によって政治をおこなわなければならないという立憲主義の系譜に属するものであり，国民主権を基礎に，自然権思想から生じた人権の観念を導入し，権力分立原理によって統治機構を構成している[77]。ロックの政治思想は，その源流に位置づけられよう[78]。

　フィルマの『家父長制君主論』は17世紀イギリスで否定されたけれども，日本では戦争がおわるまで，それときわめて類似した説が流布していた[79]。丸山眞男はロック研究を通じて，国体から解放された自由なる主体を創出しようとしたけれども[80]，それは未完といえよう[81]。グローバル化の進展にともなって，おおくのひとがきびしい生存競争にさらされるようになった結果，普遍的な人権よりも，ナショナルなものを強調する風潮が，日本だけでなく世界的にみられるようになったようにおもう。国境の壁をたかくするのではなくて，それをこえてすべてのひとびとの人権を保障していくことが，めざすべき方向となろう。

1)　　Locke, John, *An Essay Concerning Human Understanding*, Peter H. Nidditch ed., *The Clarendon Edition of the Works of John Locke* (Oxford : Clarendon Press, 1975), p. 104. 大槻春彦訳『人間知性論 (1)』(岩波書店，1972年) 133頁。

2)　　Do. (Peter Laslett ed.), *Two Treatises of Government*, 2nd ed. (London : Cambridge University Press, 1967), p. 153. 加藤節訳『完訳統治二論』(岩波書店，2010年) 15頁。

3)　　Filmer, Robert, *Patriarcha*, Johann P. Sommerville ed., *Patriarcha and Other Writings*

(Cambridge, UK ; New York : Cambridge University Press, 1991), p. 1. 伊藤宏之・渡部秀和訳『家父長制君主論（パトリアーカ）』『フィルマー著作集』（京都大学学術出版会, 2016 年）4 頁。

4)　*Ibid.*, p. 7. 15 頁。

5)　Locke, J., *Two Treatises of Government*, bk. II, §1, p. 285. 加藤訳 291 頁。

6)　*Ibid.*, §3, p. 286. 293 頁。

7)　松下圭一『ロック「市民政府論」を読む』（岩波書店, 2014 年）156 頁。

8)　Locke, J., *Two Treatises of Government*, bk. II, §4, p. 287. 加藤訳 296 頁。

9)　*Ibid.*, §6, p. 288. 298 頁。

10)　*Ibid.*, p. 289.

11)　*Ibid.*, §8, p. 290. 301 頁。

12)　*Ibid.*, §15, p. 296. 309 頁。

13)　*Ibid.*, §16. 312 頁。

14)　*Ibid.*, §19, p. 298. 315 頁。

15)　*Ibid.*, §21, p. 300. 317 頁。

16)　*Ibid.*, §23. 321 頁。

17)　*Ibid.*, §25, p. 304. 325 頁。

18)　*Ibid.*, §27, p. 306. 326 頁。

19)　*Ibid.*, §31, p. 308. 329 頁。

20)　*Ibid.*, §32. 330-331 頁。

21)　*Ibid.*, §34, p. 309. 332 頁。

22)　*Ibid.*, §§47, 49, pp. 318-319. 348, 350 頁。

23)　三浦永光『ジョン・ロックとアメリカ先住民：自由主義と植民地支配』（御茶の水書房, 2009 年）203 頁。

24)　Armitage, David, *Foundations of Modern International Thought* (Cambridge : Cambridge University Press, 2013), p. 130. 平田雅博ほか訳『思想のグローバル・ヒストリー：ホッブズから独立宣言まで』（法政大学出版局, 2015 年）185 頁。

25)　*Ibid.*, p. 131. 186 頁。

26)　Locke, J., *Two Treatises of Government*, bk. II, §74, p. 334. 加藤訳 377 頁。

27)　*Ibid.*, §82, p. 339. 388 頁。

28)　Okin, Susan Moller, *Women in Western Political Thought* (Princeton, N. J. : Princeton University Press, 2013), p. 200. 田林葉・重森臣広訳『政治思想のなかの女：その西洋的伝統』（晃洋書房, 2010 年）155 頁。

29)　Locke, J., *Two Treatises of Government*, bk. II, §87, pp. 341-342. 加藤訳 392-393 頁。

30)　*Ibid.,* p. 342. 393 頁。

31)　*Ibid.,* §88. 394 頁。

32)　*Ibid.,* §90, p. 344. 396 頁。

33)　*Ibid.,* §95, pp. 348-349. 406 頁。

34)　*Ibid.,* p. 349.

35)　*Ibid.,* §96. 407 頁。

36)　*Ibid.,* §113, p. 362. 427 頁。

37)　*Ibid.,* §119, p. 365. 433 頁。

38)　*Ibid.,* p. 366. 434 頁。

39)　*Ibid.,* §124, pp. 368-369. 442 頁。

40)　*Ibid.,* §§124, 125, 126, p. 369. 442-443 頁。

41)　*Ibid.,* §132, p. 372. 448 頁。

42)　*Ibid.,* §135, p. 375. 454 頁。

43)　*Ibid.,* §136, p. 376. 456 頁。

44)　*Ibid.,* §138, p. 378. 460 頁。

45)　*Ibid.,* §141, p. 380. 464 頁。

46)　*Ibid.,* §143, p. 382. 468 頁。

47)　*Ibid.,* §144, p. 383. 469 頁。

48)　*Ibid.,* §146. 470 頁。

49)　*Ibid.,* §148, p. 384. 471 頁。

50)　*Ibid.,* §149. 473 頁。

51)　*Ibid.,* p. 385.

52)　*Ibid.,* §150. 474 頁。

53)　*Ibid.,* §153, p. 387. 477-478 頁。

54)　*Ibid.,* §160, p. 393. 489 頁。

55)　*Ibid.,* §170, p. 399. 499 頁。

56)　*Ibid.,* §171. 500 頁。

57)　*Ibid.,* p. 400. 501 頁。

58)　*Ibid.,* §172. 502 頁。

59)　*Ibid.,* p. 401. 502-503 頁。

60)　*Ibid.,* §196, p. 414. 529 頁。

61)　*Ibid.,* §197, p. 415. 533 頁。

62)　*Ibid.,* §198, p. 416. 534 頁。

63)　*Ibid.,* §199. 536 頁。

64)　*Ibid.*, pp. 416-417.

65)　*Ibid.*, §204, p. 420. 541 頁。

66)　*Ibid.*, §211, p. 424. 551 頁。

67)　*Ibid.*, §212, p. 425. 552 頁。

68)　*Ibid.*, §214, p. 426. 554 頁。

69)　*Ibid.*, §215, p. 427. 555 頁。

70)　*Ibid.*, §216. 556 頁。

71)　*Ibid.*, §217.

72)　*Ibid.*, §219, pp. 428-429. 558 頁。

73)　*Ibid.*, §220, p. 429. 558-559 頁。

74)　*Ibid.*, §221, p. 430. 560 頁。

75)　*Ibid.*, §240, pp. 444-445. 586 頁。

76)　*Ibid.*, §242. p. 445. 588 頁。

77)　高橋和之『立憲主義と日本国憲法』（有斐閣，第 5 版 2020 年）9-11 頁。

78)　同上 21 頁。

79)　Russell, Bertrand, *History of Western Philosophy and Its Connection with Political and Social Circumstances from the Earliest Times to the Present Day* (London : G. Allen & Unwin, 1946), p. 644. 市井三郎訳『西洋哲学史 3』（みすず書房，1970 年）612 頁。

80)　丸山眞男「超国家主義の論理と心理」『丸山眞男集第 3 巻』（岩波書店，1995 年）36 頁。

81)　中村孝文「丸山眞男におけるジョン・ロック研究の意図と意義：「思想問題」の文脈のなかで「規範創造的な自由観」を考える」『武蔵野法学』第 5・6 号（2016 年）4 頁。

[第8章]
モンテスキュー

はじめに

　フランス国王ルイ14世（在位1643-1715年）は強大な権力をふるい「太陽王」とよばれた。かれはヴェルサイユ宮殿を建造し，宮廷生活を謳歌した。また，軍隊を増強し侵略戦争をくりかえしたため，国民は宮廷費と戦費をまかなうための重税にくるしんだ。さらに，ユグノー（カルヴァン派）の大幅な信教の自由をみとめたナントの王令を1685年に廃止したため，ユグノーの商工業者が国外に亡命し，国内産業の発展を阻害した。ルイ14世の死後に即位したルイ15世（在位1715-1774年）はオーストリア継承戦争（プロイセン・フランス等とオーストリア・イギリス等の戦争）などに参戦し，財政を逼迫させた。

　イギリスでは名誉革命をへて，1721年にホイッグ党のロバート゠ウォルポールがイギリスの初代首相に就任したあと，内閣が国王ではなくて国会に責任をおう責任内閣制が形成された。

　シャルル゠ルイ゠ドゥ゠モンテスキューは1689年にボルドーの近郊ラ゠ブレードにうまれた。ボルドー大学で法学をおさめ，1716年から1726年までボルドー高等法院（法服貴族の構成する裁判所）の副院長をつとめた。1721年に『ペルシア人の手紙』を発表して好評を博し，1728年にアカデミー゠フランセーズ会員に選出された後，1731年までイギリスなどヨーロッパ各地を旅行した。1734年に『ローマ人盛衰原因論』を，1748年に『法の精神』を，それぞれ出版し，1755年に死去した。本章では，フランス絶対王政とイギリ

スの名誉革命体制を背景とするモンテスキューの専制国家批判と政治的自由国家論を，主として『法の精神』に依拠しながらみていきたい。

1 政体論

［1］法

法とは「事物の本性に由来する必然的な関係 1)」である。すなわち原始理性あるいは神とさまざまな存在のあいだにある関係であり，さまざまな存在相互間における関係を意味する。

すべての法に先だって，自然法が存在する 2)。それは①平和の希求，②食欲，③性欲，④社会生活への願望から構成される 3)。

人間が社会生活を開始すると戦争状態にいたる 4)。国家間の戦争からは民族相互間の実定法である万民法（国際法）が，国民間の紛争からは治者と被治者のあいだの実定法である国制の法（公法）と，市民相互間の実定法である市民法（私法）が，それぞれうまれる。

［2］政体の本性に由来する法

共和制の本性は人民が全体として，あるいは人民の一部だけが最高権力をもつことである 5)。君主制の本性はただ1名のひとが統治するけれども，確固たる制定された法によって統治することである。専制の本性はただ1名のひとが，法も規則もなく，万事をかれの意思と気まぐれによって牽引することである。

共和制は，人民が全体として最高権力をもつ民主制と，最高権力が人民の一部の手中にある貴族制に分類される 6)。前者の基本的な法の1つは，投票方法をさだめるものである 7)。モンテスキューによれば，投票は公開でなければならなかった。庶民を啓発し，しかるべき人物の謹厳な態度によって抑制しなければならないからである。

最良の貴族制は，権力に参加しない人民が非常に少数で貧困であるため，支配者がこれを圧迫することに関心をもたないものである 8)。貴族制は民主制に

ちかづくにつれて完全になり，君主制にちかづくにつれて不完全になる [9]。もっとも不完全な貴族制は，服従する人民が，支配者の私的奴隷となるものであった。

君主制においては，君主があらゆる政治権力の源泉であった [10]。したがって，権力が流出する中間の水路が必要となる。もっとも自然な従属的中間権力は，貴族の権力であった。モンテスキューは「君主なくして貴族なく，貴族なくして君主なし」とのべている。

専制国家の基本的な法は，宰相を設置することであった [11]。君主は宰相をもうけて，後宮でもっとも野獣的な情念に身をまかせる [12]。帝国がひろがるにつれて後宮もおおきくなり，君主はますます快楽に陶酔することとなる。

［3］政体の原理

政体の本性とは，その政体の固有の構造を，政体の原理とは，その政体をうごかす人間の情念を，それぞれ意味する [13]。後者は前者から自然に生じるものであった [14]。

民主制の原理は「徳」である [15]。貴族制の原理は「徳」あるいはそれにもとづく「節度」である [16]。君主制の原理は「名誉」である [17]。君主制は優越・序列・出自による貴族階級を前提とするので，その原理である名誉は優先と特別待遇を要求するものであった [18]。専制の原理は「恐怖」である [19]。

いずれの政体においても，それぞれの原理がなければ不完全であった [20]。

［4］教育にかんする法と政体の原理

教育にかんする法の目的は，政体ごとにことなっていた [21]。君主制においては，名誉であった [22]。共和制においては，徳であった。専制においては，恐怖であった。

君主制における教育は，名誉の命ずる下記の規則に適合するものとなる。

①　自分の地位を重視するのはさしつかえないけれども，自分の生命を重

視することは禁止される[23]。

② ひとたびある位階におかれたら,自分がその下位にあるようにみえる
ようないかなることをもしてはならないし,容認してもならない。

③ 名誉が禁止することがらは,法がそれを禁ずることにまったく協力し
ないときに,いっそう厳禁される。名誉が要求することがらは,法がそれ
を要求しないときに,いっそう強要される。

　専制における被治者は無知であり,治者は熟考・懐疑・推論せず欲求するの
みである[24]。そこに教育はなかった[25]。

　共和制における教育は,徳すなわち法と祖国への愛を鼓吹するものでなけれ
ばならない[26]。古代ギリシア人はそのために独特な制度をつくった[27]。たと
えば,プラトンは『国家』において財産共有制を主張した[28]。これらの制度
は政治的な徳を原理とする共和制において適当なものであった[29]。

［5］立法者が制定する法と政体の原理

　立法者が社会の全体にあたえる法は,各政体の原理に関係していなければな
らない[30]。民主制における徳とは,共和国への愛を意味する[31]。それは民主制・
平等・質素への愛である[32]。共和国において平等と質素が愛されるためには,
法がそれらを確立していなければならない[33]。民主制において質素を維持す
るために,法は資産の平等をめざすべきである[34]。たとえば,父親からすべ
ての子どもに平等な相続分をあたえる法によって,すべての子どもが贅沢を回
避して父親と同様に労働しようとするであろう[35]。君主制における法は,貴
族階級をささえる努力をしなければならない[36]。そこでは貴族階級の名誉が,
法の子でもあり父でもある。専制のもとで,臆病・無知にして消極的な人民に
おおくの法は必要でない[37]。

［6］刑事法と政体の原理

　専制では,臣民の資産・生命・名誉にほとんど留意しないため,刑事法が単

純である[38]。共和国・君主国では，市民の名誉・資産・生命・自由を尊重するため，刑事法が複雑である[39]。厳罰は，名誉をバネとする君主制や，徳をバネとする共和制よりも，恐怖を原理とする専制に適合する[40]。刑罰のあいだには調和がたもたれていることが肝要である[41]。たとえば中国では，残忍な盗賊を寸断するけれども，ほかの盗賊にはそうしない[42]。したがって，窃盗はあるけれども殺人はない。しかるにモスクワ大公国では，盗賊と殺人者にたいする刑罰が同一であったため，死人に口なしという理由で殺人が横行していた。イギリス国民は，拷問を排しても不都合を感じていなかった[43]。モンテスキューはそれを根拠として，拷問を不要とみなしている。

［7］奢侈禁止の法と政体の原理

　君主制において，奢侈禁止の法は不要であった[44]。富者がおおくを費消しないと，貧者が餓死するためである。中国では女性が多産なので，土地をいくら耕作しても，かろうじて住民をやしないうる程度である[45]。そこにおいて奢侈は有害であった。各王朝の初代皇帝は徳をまもって逸楽をおそれていたけれども，第3代か第4代の皇帝が腐敗と奢侈と無為と歓楽にとらわれ，その王朝が滅亡することをくりかえした[46]。

［8］政体の原理の腐敗

　各政体が腐敗するのは，その原理が腐敗するときである[47]。民主制の原理が腐敗するのは，ひとが平等の精神をうしなうときと，極端な平等の精神をもつときである[48]。後者のばあい，人民はみずからが委託した権力を容認することができず，すべてを自分自身でおこなおうとする[49]。そこには，徳が存在しえなかった[50]。貴族制の原理が腐敗するのは，貴族の権力が恣意的になるときである[51]。そこにも，徳は存在しえなかった。君主制の原理が腐敗するのは，隷従が栄誉をもたらすときと，権力者が人民による敬意をうしなうときと，恣意的権力のいやしむべき道具となるときであった[52]。専制の原理はたえず腐敗している[53]。その本性が腐敗しているからである。政体の原理が

腐敗するときは，最良の法も悪法となる[54]。それが健全であるときは，悪法もすぐれた法の効果をもつ。

　共和国は狭小な領土のみを有する[55]。広大な共和国には多大な財産が存在し，人心にほとんど節度がないためである。君主制の国家は中規模でなければならない[56]。狭小だと共和制になる。非常に広大であれば，国家の重臣は君主の目のとどくところになく，服従しなくなることもありうる。大帝国は統治者の専制的権威を前提とする[57]。モンテスキューの国際政治思想において，専制すなわち「内なる帝国」への批判と，ヨーロッパ制覇を志向する絶対王政すなわち「外なる帝国」への批判は，内在的に関連していた[58]。

2　自　由　論

［1］防衛力と法

　ある国家にたいする攻撃者はいたるところにあらわれるかもしれないので，防衛者もいたるところに出現しえなければならない[59]。そのために，国家の面積は中程度でなければならない。広大な国家だと，分散している軍隊が集結するのに時間がかかるためである[60]。

［2］攻撃力と法

　国家の攻撃力は万民法によって規制される[61]。人間は自然的防衛のためであれば，ひとを殺害する権利をもつ[62]。国家も自己自身の保全のために戦争をおこなう権利をもつ。この権利は，必要や厳格な正義から生ずる[63]。戦争の権利から征服権が生ずる[64]。もっとも征服者は，自然的防衛や自己保全をはかる必要がないばあい，被征服者を殺害する権利をもたない[65]。また，征服地の保全のためでなければ，被征服者を隷属させる権利をももたない。

［3］国制と政治的自由

　モンテスキューによれば，自由とは，法の許可するすべてをおこなう権利を

意味する [66]。政治的自由は制限政体において権力が濫用されないときにのみ存在する [67]。それを国制の直接目的とする国民もいた [68]。イギリスの国制は，政治的自由を目的としていた [69]。同一の人間か団体が①法をつくる権力，②公的な決定を執行する権力，③犯罪か個人間の紛争に判決をくだす権力を行使すれば，すべてはうしなわれる [70]。③の裁判権は，常設的でない裁判所を構成するために，人民の団体から選出されたひとびと（陪審員）が行使すべきである [71]。①の立法権は貴族の団体と，人民を代表するためにえらばれる団体にゆだねられる [72]。②の執行権は，君主の手中におくべきである。執行は即時の行動を必要とするからである。それにたいして立法は，複数のひとによって，よりよくなされる [73]。①②③の権力が政治的自由にちかづかなければ，君主制は専制へ堕落するであろう [74]。

　名誉革命後のイギリスでは裁判権が独立していたのにたいして，フランスのアンシャン゠レジーム（フランス革命前の政治体制）においては，それが王権の手先として機能するおそれがあった。前者を背景とするジョン゠ロックが執行権と司法権の分立を主張することはなかったけれども，後者の状況にあったモンテスキューは裁判権の独立を徹底させようとして，イギリスの陪審制に着目した。それは，裁判権を国王の影響下から避難させて専制を防止するとともに，貴族集団や人民集団からも隔絶して，かれらの政治的権力となることを回避するのに格好のものであった [75]。

［4］市民と政治的自由

　政治的自由とは，ひとが自己の安全を確信するところに存する [76]。それを助長するには，刑罰を立法者の気まぐれから科してはならなかった [77]。宗教にかんする罪への刑罰は神殿外への追放，信徒との交際の禁止などであるべきであった。習俗に反する罪への刑罰は罰金，不名誉，蟄居の強制などであるべきであった [78]。市民の平穏を侵害する罪への刑罰は監禁，追放，矯正などであるべきであった。市民の安全を侵害する罪への刑罰は重身体刑であるべきであった [79]。たとえば，ほかの市民の生命をうばったばあいなどは，死刑を科

すべきであった。

［5］租税の徴収

　国家の歳入とは，各市民が自分の財産の安全を確保するために，あるいはそれを心地よく享受するために供与する市民の財産の一部である[80]。人民を勤勉にするために重税が必要であると主張するものもいたけれども，モンテスキューはこうした見解を批判した[81]。かれは重税によって，ある国家が軍隊を増強すると，ほかの国家も増強して，共通の破滅をもたらすことを憂慮していた[82]。また，徴税請負人がその富によって尊敬される職業となるとき，共和制・君主制は滅亡するとといた[83]。

　軍備拡張競争にかんするモンテスキューの記述は，オーストリア継承戦争を背景としていたけれども，現代の東西冷戦にもあてはまるものであった[84]。

3　風 土 論

［1］風土の性質と法

　ひとびとの性格・情念がさまざまな風土のもとで極端にことなっているとすれば，法はそれらの差異と相関的でなければならない[85]。温暖な地方の住民は老人のように臆病である[86]。寒冷な地方の住民は若者のように勇敢である。東方諸国において宗教・習俗・生活様式・法がかわらない原因は，その国民の精神の弛緩と肉体の怠慢にあった[87]。仏陀は人間を極度に受動的な状態におくべきであるとかんがえた[88]。その教義は風土に由来し，怠惰を助長していた。節制にかんしていえば，寒冷地の国民のほうが飲酒癖はつよかった[89]。

［2］私有奴隷制の法と風土の性質

　奴隷制のもとでは，奴隷にも主人にも徳が欠如していた[90]。したがって，それは民主制・貴族制の精神に反するものであった。

　ローマの法学者によれば①万民法は，ひとが捕虜を殺害しないよう，捕虜に

奴隷となることを命じた[91]。②ローマ人の市民法は，その債権者が虐殺するかもしれない債務者に，自分の身を売ることを許可した。③自然法は，奴隷たる父親の養育しえない子どもが父親と同様に奴隷となることを命じた。しかし，モンテスキューによれば①捕虜にたいしておこなってよいのは，かれらが危害をおよぼしえないように，かれらの身体を拘束することだけである。②売買は代価を前提としているけれども，奴隷が身を売れば，かれのすべての財産は主人の所有に帰して，奴隷は代価をうけとることができない。③人間は自分の身を売ることができないとすれば，その子どもを売ることもできない[92]。

　モンテスキューのかんがえるところによれば，奴隷制をうみだしたのは，ある国民がほかの国民にたいして慣習法の相違を根拠にしていだく軽蔑であった[93]。宗教も，それを信仰するひとびとにたいして，それを信仰しないひとびとを隷属状態におく権利をあたえ，布教を容易にしていた[94]。その好例が大航海時代におけるアメリカの征服であった。黒人奴隷制を擁護するものは，ヨーロッパの諸民族がアメリカの諸民族を絶滅させたので，アメリカを開拓するために，アフリカの諸民族を奴隷にしなければならないというかもしれない[95]。しかし，それはモンテスキューの同意するところではなかった。

　専制のもとで，ひとは非常に容易に身を売る[96]。政治的奴隷制が市民的自由を無に帰しているためである。また，高温が肉体をよわめ勇気をうしなわせるため，懲罰のおそれがなければ，ひとびとが困難な義務をはたそうとしない国は，奴隷制を導入しやすい[97]。しかし，モンテスキューの信念によれば，すべての人間は平等にうまれついているのだから，奴隷制は自然に反していた[98]。社会に必要な労働がどれほど苦痛であろうと，自由な人間によって万事をおこなうことができるはずである[99]。奴隷制に賛成するものは，奢侈と逸楽を追求するものであって，公共の至福を愛するものではなかった[100]。

［3］家内奴隷制の法と風土の性質

　南方諸国では，男女両性のあいだに自然的不平等が存在していた[101]。温暖な風土のもとで，女性は10歳ほどで結婚適齢期になり，20歳で老化する。

すると男性はその妻をすてて，ほかの妻をめとり，一夫多妻制を導入する。それはイスラーム法の普及がアジアで容易で，ヨーロッパで困難であった理由の1つであった[102]。

［4］政治的隷属の法と風土の性質

アジアは，つねに大帝国を形成していた[103]。そこには広大な平原があり，その権力は専制的であった。隷属が極端でなければ，国土を分割しているはずであった。ヨーロッパは，山川によって分割された中規模国家を形成し，法による統治をおこない，自由の精髄を養成していた。それはアジアにおいて，隷属の精神が支配しているのと対照的であった。

［5］土地の性質と法

豊饒な地方は，侵略によって荒廃しやすい[104]。しかし，厳寒の地方は侵略の対象となりにくいため，つねにひとが居住している。土地が不毛だと，人間は勤勉になる[105]。

島の人民は大陸の人民よりも自由になりがちである[106]。海によって大帝国から隔離され，暴政による干渉をうけないからである。もっともモンテスキューは日本を，その面積もおおきく，隷属の度合もたかいため，例外としている。

ひとびとの勤勉さによって居住可能となった国は，享楽的な人民の習俗よりも賢明な人民の習俗を，専制者の暴君的権力よりも君主の正統的権力を，それぞれ必要とした[107]。ひとびとはみずからの配慮とすぐれた法によって，その土地を居住しやすいものにしていた[108]。

［6］国民の一般精神・習俗・生活様式を形成する原理と法

各国の風土・宗教・法・統治の格率・過去の事物の例・生活様式は，その国民の一般精神を形成していた[109]。ある国民の徳をさまたげることのないよう，法によってその生活様式を阻害しようとしてはならない[110]。法が確立したものは法が改革し，生活様式が確立したものは生活様式が変更しなければならな

い[111]。生活様式によって変更すべきものを法によって改革するのは，非常に劣悪な政策であった。その好例として，ピョートル１世が西欧化のためにロシア人の髭剃を強制した法をあげることができよう。イギリスでは，国民の習俗と生活様式が，法と重大な関連を有していた[112]。その国制はだれにでも政治参加と政治的関心を容認するものであったため，その国民はおおいに政治を論じていた[113]。

4 商　業　論

［１］商業と法

　習俗がおだやかなところには，商業が存在する[114]。商業が存在するところは，習俗がおだやかである。商業の精神は，諸国民に平和を志向させる[115]。征服ではなくて貿易と産業が繁栄をもたらすというモンテスキューは，欧州統合の歴史がしめすような機能別の国際協力の推進による平和をめざす機能主義の源流とみなされている[116]。相互依存論[117]はその延長線上に位置づけられる[118]。モンテスキューはイマヌエル＝カント，ジェレミ＝ベンサム，ジョン＝スチュアート＝ミルとともにリベラリズム（国際協調主義）の系譜に属している[119]。

　君主制における商業は通常，奢侈にもとづいている[120]。その人民はおおいに消費し，立派な品物のみを追求している。共和制における商業はたいていのばあい，倹約にもとづいている。その国民は所得がすくなく，たえず所得をえることによって，それをうめあわせている。君主制における貴族の商業は，君主制の精神に反する[121]。フランスで貴族に商業をいとなむことを義務づける法があれば，それは貴族階級を壊滅させる手段となろう[122]。

［２］世界の商業と法

　中世のスコラ学者は福音書にもとづいて利息を非難した[123]。その結果，商業はユダヤ人のもっともおそるべき暴利行為と同一視された。しかし，かれら

が為替手形を発明すると，商業は誠実なものとみなされるようになった[124]。モンテスキューは，どこにでも送付しうる目にみえない財産である為替手形を，専制にたいする防波堤とみなしている[125]。

［3］貨幣の使用と法

　自分の金銭を無利息で他者に貸与することは，宗教上の勧告でありうるにすぎず，世俗の法とはなりえなかった[126]。

［4］住民の人数と法

　専制によって人口が減少した国家を再建する方法は，土地をもたない家族にそれを配分することと，かれらに土地を開墾・耕作する手段を提供することであった[127]。

5　宗　教　論

［1］宗教と法

　フランス啓蒙思想の先駆者であったピエール゠ベールは，有害な宗教をもつよりも宗教をまったくもたないほうがよいとかんがえた[128]。しかし，モンテスキューは，宗教にたいして愛と畏敬の念をいだく君主をおとなしい獅子に，畏敬と憎悪の念をいだく君主を野獣のようなものに，宗教をまったくもたない君主をおそろしい動物に，それぞれたとえている[129]。

　キリスト教は，純粋な専制を排斥する[130]。それは福音書が君主に柔和であることを勧告し，専制的な憤怒にもとづいて残酷なことをおこなうのに反対するためである。北方の人民は新教を信奉して，南方の人民は旧教を保持していた[131]。前者は後者のもたない独立と自由の精神をもっていた。目にみえる首長をもたない新教は，1名の首長をもつ旧教よりも，その風土がもたらす独立心に適合していた。

　ベールの主張によれば，真のキリスト教徒は存続可能な国家を形成しな

い [132]。しかし，モンテスキューはそれを否定して，真のキリスト教徒は自分たちの義務について啓発され，それをはたす熱意をもつ市民であるとのべている。

　法は掟を，宗教は主として勧告を，それぞれあたえるべきである [133]。独身でいることは，キリスト教の勧告であったけれども，一定のひとびとにたいする法となったとき，立法者も社会も苦労した [134]。

　古代人における哲学の諸派は宗教のようなものであった [135]。禁欲を重視するストア派は市民と偉大な人間・皇帝を育成した。

　人間は衣食をもとめて社会活動をするようにつくられている [136]。したがって，宗教は人間にあまりにも瞑想的な生活をゆるすべきでない。イスラーム教徒は1日に5回の礼拝をおこなっているけれども，モンテスキューからすれば，このましいことではなかった。

［2］宗教組織と法

　篤信家と無神論者はつねに宗教についてかたる [137]。前者にとって宗教は愛するものであり，後者にとっては畏怖するものであった。人間は希望や恐怖をいだくため，地獄・極楽をもつ宗教をこのむ [138]。日本にキリスト教とインドの宗教が容易に定着したのは，その証左であった。

　ある国家の法がおおくの宗教を容認しなければならないとかんがえたとき，その法はそれらの宗教が相互に寛容であることを義務づけなければならない [139]。宗教にかんしては，刑事法の適用を回避しなければならない [140]。宗教からひとびとの心をひきはなすには，現世における生活の安楽さや財産にたいする期待をあたえるのがよい [141]。日本の迫害では，残酷な刑罰にたいして抵抗がみられた [142]。

［3］事物の秩序と法

　法にはさまざまな種類がある [143]。人定法は生起するすべての偶発事にしたがい，人間の意思がかわるたびに変化する [144]。しかるに，神法は不変である。

宗教裁判所の格率によって世俗の裁判所を規制してはならない¹⁴⁵⁾。宗教裁判所は，すべてののぞましい国制に反する。それは君主制において，密告者と裏切者をうみだす。共和制においては，不誠実なひとびとをもたらす。専制国家においては，その国家とおなじく破壊的である。宗教裁判所の悪弊の1つは，おなじ罪で訴追された2名のひとのうち，否認するものは死刑の判決をうけ，自白するものは身体刑を免除されることにある¹⁴⁶⁾。前者は悔悛していないからである¹⁴⁷⁾。こうした区別を世俗の裁判所にもちこんではならなかった¹⁴⁸⁾。

6 歴 史 論

［1］フランス法の起源と変遷

　375年にゲルマン人の大移動がはじまった。ゲルマン人のうち西ゴート人は410年にローマを略奪したあと，ガリア西南部とイベリア半島に西ゴート王国（418-711年）をたてた。ブルグンド人はガリア東南部にブルグンド王国（443-534年）を，フランク人はガリア北部にフランク王国（481年-）を，それぞれ建国した。

　ブルグンド人と西ゴート人の法は公平だったけれども，サリー族（フランク人の一支族）の法はフランク人にたいする犯罪に，ローマ人にたいするばあいよりも重刑を科すなど，両者を差別し，ローマ人にとって重圧となっていた¹⁴⁹⁾。しかし，フランスは，国家的従属関係よりもむしろ封建的従属関係をみとめた無数の小領地に分割されていたので，唯一の法が一般的権威をもつことはきわめて困難であった¹⁵⁰⁾。したがって，サリー族・ブルグンド人・西ゴート人の法は，カロリング朝（751-987年）の末期になると無視され，カペー朝（987-1328年）のもとでは，ほとんど話題にならなかった¹⁵¹⁾。

［2］フランク王国の成立

　ブルグンド人の法はローマ人とブルグンド人のいずれにおいても，貴族・自由人・農奴を区別していた¹⁵²⁾。したがって，ローマ人のみが農奴で，ブルグ

ンド人のみが自由人・貴族であったわけではない。フランク人もローマ人を隷
属状態においていたわけではない。にもかかわらず，隷属状態においていたと
して，前者の末裔たる貴族のみを国民とみなし，後者の子孫たる第三身分をそ
こから排除する歴史家アンリ゠ドゥ゠ブーランヴィリエの企図は，第三身分に
たいする陰謀にほかならなかった[153]。

　フランク王国の建設にかんしてモンテスキューと歴史家ジャン゠バティス
ト゠デュボスの見解はことなっていた[154]。モンテスキューはフランク人がガ
リアを征服したとみなすのにたいして，デュボスはローマ人がフランク人を招
請したとかんがえた[155]。後者の学説は，王権の絶対優越性を擁護するもので
あった[156]。

［3］フランク王国の変遷

　カール大帝はフランク王国最盛期の国王（在位 768-814 年）であった。
800 年にローマ゠カトリック教会の教皇レオ 3 世はカール大帝にローマ皇帝の
帝冠をあたえ「西ローマ帝国」の復活を宣言した。カール大帝は貴族の聖職者・
自由人にたいする抑圧を阻止し，かれらが拮抗して，自分が支配者としてとど
まることができるよう，国家の諸階層のなかに均衡をもたらした[157]。

　814 年にカール大帝が死去したあと，帝国は東フランク（ドイツ）・西フラ
ンク（フランス）・イタリアに分裂した。西フランク国王シャルル 2 世（在位
843-877 年）は「すべての自由人が国王か，ほかの領主たちのうち，みずか
らのぞむものを領主としてえらぶことができる」と人民に告示した[158]。その
結果，国王の権力下から離脱するものがあらわれた[159]。フランスの王権がカ
ロリング朝からカペー朝にうつった原因は，このようにして生じた国王の権威・
権力の弱体化にあった[160]。

おわりに

　すでにみてきたとおり，モンテスキューは絶対王政下のフランスで専制国家

をきびしく批判するとともに，政治的自由を目的としたイギリスの名誉革命体制に着目して，権力分立を主張した。それは立法権を貴族団体と人民団体が，執行権を君主が，裁判権を陪審員が，それぞれ有するものであった。かれは，国王による専制の防止と，国内の諸階層の均衡をめざした。それによって，市民の政治的自由あるいは安全を保障することが，モンテスキューの政治思想の要諦であった[161]。

　ところで，モンテスキューは『法の精神』のなかで，ある国家が軍隊を増強すると，ほかの国家も増強して，共通の破滅をもたらすことを憂慮していた。『ペルシア人の手紙』では，砲弾の発明がヨーロッパの全人民の自由をうばったと，レディという人物にかたらせている[162]。君主は一発の砲弾で降伏するような民間人に要塞の守備をまかせられなくなって，正規軍の大部隊を保有し，臣民を抑圧した[163]。もっともモンテスキューは同書のなかで，人間にとっていっそう残酷な破壊方法が発明されても，万民法によって禁止されるであろうと，ユスベクという人物にのべさせている[164]。こうした人間の理性にたいする楽観的な期待をもちつづけることがむずかしい現代では，近代技術のありかたを再検討し，その極点としての核兵器と原子力発電を廃絶すること，そのために人間の諸能力を根源的に再吟味することが重要な課題となろう[165]。

1)　　Montesquieu, Charles Louis de, *De l'esprit des lois*, liv. I, ch. 1, *Œuvres complètes II*, texte présenté et annoté par Roger Caillois ([Paris] : Gallimard, 1951), p. 232. 野田良之ほか訳『法の精神上巻』（岩波書店，1987 年）9 頁。

2)　　*Ibid.*, liv. I, ch. 2, p. 235. 12 頁。

3)　　*Ibid.*, pp. 235-236. 13-14 頁。

4)　　*Ibid.*, liv. I, ch. 3, p. 236. 14 頁。

5)　　*Ibid.*, liv. II, ch. 1, p. 239. 18 頁。

6)　　*Ibid.*, liv. II, ch. 2.

7)　　*Ibid.*, p. 243. 22 頁。

8)　　*Ibid.*, liv. II, ch. 3, p. 246. 27 頁。

9)　　*Ibid.*, p. 247.

10)　*Ibid.*, liv. II, ch. 4. 28 頁。

11)　*Ibid.*, liv. II, ch. 5, p. 249. 31 頁。

12)　*Ibid.*, p. 250.

13)　*Ibid.*, pp. 250-251. 33 頁。

14)　*Ibid.*, liv. III, ch. 2, p. 251.

15)　*Ibid.*, liv. III, ch. 3. 34 頁。

16)　*Ibid.*, liv. III, ch. 4, p. 254. 37-38 頁。

17)　*Ibid.*, liv. III, ch. 6, p. 256. 40 頁。

18)　*Ibid.*, liv. III, ch. 7, p. 257.

19)　*Ibid.*, liv. III, ch. 9, p. 258. 42 頁。

20)　*Ibid.*, liv. III, ch. 11, p. 261. 46 頁。

21)　*Ibid.*, liv. IV, ch. 1, pp. 261-262. 47 頁。

22)　*Ibid.*, p. 262.

23)　*Ibid.*, liv. IV, ch. 2, p. 265. 51 頁。

24)　*Ibid.*, liv. IV, ch. 3. 52 頁。

25)　*Ibid.*, p. 266.

26)　*Ibid.*, liv. IV, ch. 5, p. 267. 54 頁。

27)　*Ibid.*, liv. IV, ch. 6. 55 頁。

28)　*Ibid.*, p. 269. 56 頁。

29)　*Ibid.*, liv. IV, ch. 7, p. 270. 57 頁。

30)　*Ibid.*, liv. V, ch. 1, p. 273. 63 頁。

31)　*Ibid.*, liv. V, ch. 2, p. 274.

32)　*Ibid.*, liv. V, ch. 3. 64 頁。

33)　*Ibid.*, liv. V, ch. 4, p. 276. 66 頁。

34)　*Ibid.*, liv. V, ch. 6, p. 279. 70 頁。

35)　*Ibid.*, p. 280. 71 頁。

36)　*Ibid.*, liv. V, ch. 9, p. 288. 80 頁。

37)　*Ibid.*, liv. V, ch. 14, p. 292. 85 頁。

38)　*Ibid.*, liv. VI, ch. 2, p. 310. 105 頁。

39)　*Ibid.*, pp. 310-311. 106 頁。

40)　*Ibid.*, liv. VI, ch. 9, p. 318. 115 頁。

41)　*Ibid.*, liv. VI, ch. 16, p. 327. 127 頁。

42)　*Ibid.*, p. 328.

43)　*Ibid.*, liv. VI, ch. 17, p. 329. 129 頁。

44)　*Ibid.*, liv. VII, ch. 4, p. 336. 138 頁。

45)　*Ibid.*, liv. VII, ch. 6, p. 339. 141 頁。

46)　*Ibid.*, liv. VII, ch. 7, p. 340. 143 頁。

47)　*Ibid.*, liv. VIII, ch. 1, p. 349. 155 頁。

48)　*Ibid.*, liv. VIII, ch. 2.

49)　*Ibid.*, pp. 349-350.

50)　*Ibid.*, p. 350.

51)　*Ibid.*, liv. VIII, ch. 5, p. 353. 159 頁。

52)　*Ibid.*, liv. VIII, ch. 7, p. 355. 162 頁。

53)　*Ibid.*, liv. VIII, ch. 10, p. 357. 164 頁。

54)　*Ibid.*, liv. VIII, ch. 11. 165 頁。

55)　*Ibid.*, liv. VIII, ch. 16, p. 362. 170 頁。

56)　*Ibid.*, liv. VIII, ch. 17, p. 363. 171 頁。

57)　*Ibid.*, liv. VIII, ch. 19, p. 365. 173 頁。

58)　瓜生洋一「モンテスキューの国際政治思想：帝 国 批判の視角から」『国際政治』第 69 号（1981 年）41 頁。

59)　Montesquieu, C. L. de, *De l'esprit des lois*, liv. IX, ch. 6, p. 373. 野田ほか訳『法の精神上巻』184 頁。

60)　*Ibid.*, p. 374.

61)　*Ibid.*, liv. X, ch. 1, p. 377. 188 頁。

62)　*Ibid.*, liv. X, ch. 2.

63)　*Ibid.*, p. 378. 189 頁。

64)　*Ibid.*, liv. X, ch. 3.

65)　*Ibid.*, p. 379. 190 頁。

66)　*Ibid.*, liv. XI, ch. 3, p. 395. 209 頁。

67)　*Ibid.*, liv. XI, ch. 4. 210 頁。

68)　*Ibid.*, liv. XI, ch. 5, p. 396.

69)　*Ibid.*, liv. XI, ch. 6. 211 頁。

70)　*Ibid.*, p. 397. 212 頁。

71)　*Ibid.*, p. 398. 213 頁。

72)　*Ibid.*, p. 401. 216 頁。

73)　*Ibid.*, p. 402. 217 頁。

74)　*Ibid.*, liv. XI, ch. 7, p. 408. 224 頁。

75)　押村高『モンテスキューの政治理論：自由の歴史的位相』（早稲田大学出版部，1996 年）

280-284 頁。

76)　Montesquieu, C. L. de, *De l'esprit des lois*, liv. XII, ch. 2, p. 431. 野田ほか訳『法の精神 上巻』252 頁。

77)　*Ibid.*, liv. XII, ch. 4, p. 433. 254 頁。

78)　*Ibid.*, p. 434. 255 頁。

79)　*Ibid.*, p. 435. 256 頁。

80)　*Ibid.*, liv. XIII, ch. 1, p. 458. 284 頁。

81)　*Ibid.*, liv. XIII, ch. 2, p. 459. 285 頁。

82)　*Ibid.*, liv. XIII, ch. 17, p. 470. 296-297 頁。

83)　*Ibid.*, liv. XIII, ch. 20, p. 473. 300 頁。

84)　Wight, Martin, "Why is there no International Theory?," Herbert Butterfield and Martin Wight ed., *Diplomatic Investigations : Essays in the Theory of International Politics* (London : G. Allen & Unwin, 1966), p. 27. 安藤次男訳「国際理論はなぜ存在しないのか」佐藤誠ほか訳『国際関係理論の探究：英国学派のパラダイム』（日本経済評論社, 2010 年）12-13 頁。

85)　Montesquieu, C. L. de, *De l'esprit des lois*, liv. XIV, ch. 1, p. 474. 野田良之ほか訳『法の精神中巻』（岩波書店，1987 年）1 頁。

86)　*Ibid.*, liv. XIV, ch. 2, p. 475. 2 頁。

87)　*Ibid.*, liv. XIV, ch. 4, p. 479. 7 頁。

88)　*Ibid.*, liv. XIV, ch. 5, p. 480. 8 頁。

89)　*Ibid.*, liv. XIV, ch. 10, pp. 482-483. 11 頁。

90)　*Ibid.*, liv. XV, ch. 1, p. 490. 21 頁。

91)　*Ibid.*, liv. XV, ch. 2, p. 491. 22 頁。

92)　*Ibid.*, p. 492. 23 頁。

93)　*Ibid.*, liv. XV, ch. 3, p. 493. 24 頁。

94)　*Ibid.*, liv. XV, ch. 4. 25 頁。

95)　*Ibid.*, liv. XV, ch. 5, p. 494. 26 頁。

96)　*Ibid.*, liv. XV, ch. 6, p. 495. 27 頁。

97)　*Ibid.*, liv. XV, ch. 7. 28 頁。

98)　*Ibid.*, p. 496. 29 頁。

99)　*Ibid.*, liv. XV, ch. 8.

100)　*Ibid.*, liv. XV, ch. 9, p. 497. 31 頁。

101)　*Ibid.*, liv. XVI, ch. 2, p. 509. 45 頁。

102)　*Ibid.*, p. 510. 46 頁。

103）*Ibid.,* liv. XVII, ch. 6, p. 529. 69 頁。

104）*Ibid.,* liv. XVIII, ch. 3, p. 533. 74 頁。

105）*Ibid.,* liv. XVIII, ch. 4. 75 頁。

106）*Ibid.,* liv. XVIII, ch. 5, p. 534.

107）*Ibid.,* liv. XVIII, ch. 6, pp. 534-535. 76 頁。

108）*Ibid.,* liv. XVIII, ch. 7, p. 535. 77 頁。

109）*Ibid.,* liv. XIX, ch. 4, p. 558. 105 頁。

110）*Ibid.,* liv. XIX, ch. 5, p. 559. 106 頁。

111）*Ibid.,* liv. XIX, ch. 14, p. 564. 112 頁。

112）*Ibid.,* liv. XIX, ch. 27, p. 575. 124 頁。

113）*Ibid.,* p. 582. 134 頁。

114）*Ibid.,* liv. XX, ch. 1, p. 585. 138 頁。

115）*Ibid.,* liv. XX, ch. 2. 139 頁。

116）Id., *Réflexions sur la monarchie universelle en Europe, ibid.,* pp. 19-38. Parkinson, F., *The Philosophy of International Relations : A Study in the History of Thought* (Beverly Hills, Calif. : Sage Publications, 1977), pp. 102, 109, n. 28. 初瀬龍平・松尾雅嗣訳『国際関係の思想』（岩波書店，1991 年）102, 111 頁。

117）E.g. Keohane, Robert O. and Joseph S. Nye, *Power and Interdependence,* 4th ed. (Boston : Longman, 2012). 滝田賢治監訳『パワーと相互依存』（ミネルヴァ書房, 2012 年）。

118）Rosow, Stephen J., "Commerce, Power and Justice : Montesquieu on International Politics," *The Review of Politics,* Vol. XLVI, No. 3 (1984), pp. 346, 366, n. 2. 押村高「モンテスキューの国際関係思想：18 世紀ヨーロッパの構造的変動と国家理性観の修正（下）」『青山国際政経論集』第 35 号（1995 年）67 頁。

119）Nye, Jr., Joseph S. and David A. Welch, *Understanding Global Conflict and Cooperation : An Introduction to Theory and History,* 10th ed. (Boston : Pearson, 2017), p. 6. 田中明彦・村田晃嗣訳『国際紛争：理論と歴史』（有斐閣，2017 年）6-7 頁。

120）Montesquieu, C. L. de, *De l'esprit des lois,* liv. XX, ch. 4, p. 587. 野田ほか訳『法の精神 中巻』141 頁。

121）*Ibid.,* liv. XX, ch. 21, p. 598. 153 頁。

122）*Ibid.,* liv. XX, ch. 22. 154 頁。

123）*Ibid.,* liv. XXI, ch. 20, p. 639. 202 頁。

124）*Ibid.,* pp. 640-641. 204 頁。

125）Hirschman, Albert O., *The Passions and the Interests : Political Arguments for Capitalism before Its Triumph,* 1st Princeton classics ed. (Princeton : Princeton

University Press, 2013), p. 78. 佐々木毅・旦祐介訳『情念の政治経済学』（法政大学出版局, 新装版 2014 年）77 頁。

126）Montesquieu, C. L. de, *De l'esprit des lois*, liv. XXII, ch. 19, p. 675. 野田ほか訳『法の精神中巻』243 頁。

127）*Ibid.*, liv. XXIII, ch. 28, pp. 711-712. 287 頁。

128）*Ibid.*, liv. XXIV, ch. 2, p. 715. 野田良之ほか訳『法の精神下巻』（岩波書店, 1988 年）2 頁。

129）*Ibid.*, pp. 715-716. 3 頁。

130）*Ibid.*, liv. XXIV, ch. 3, p. 716. 4 頁。

131）*Ibid.*, liv. XXIV, ch. 5, p. 718. 6 頁。

132）*Ibid.*, liv. XXIV, ch. 6, p. 719. 7 頁。

133）*Ibid.*, liv. XXIV, ch. 7.

134）*Ibid.*, p. 720. 8 頁。

135）*Ibid.*, liv. XXIV, ch. 10, p. 721. 9 頁。

136）*Ibid.*, liv. XXIV, ch. 11, p. 722. 10 頁。

137）*Ibid.*, liv. XXV, ch. 1, p. 735. 25 頁。

138）*Ibid.*, liv. XXV, ch. 2, p. 737. 26 頁。

139）*Ibid.*, liv. XXV, ch. 9, p. 744. 35 頁。

140）*Ibid.*, liv. XXV, ch. 12, p. 745. 37 頁。

141）*Ibid.*, pp. 745-746.

142）*Ibid.*, p. 746.

143）*Ibid.*, liv. XXVI, ch. 1, p. 751. 44 頁。

144）*Ibid.*, liv. XXVI, ch. 2. 45 頁。

145）*Ibid.*, liv. XXVI, ch. 11, p. 761. 56 頁。

146）*Ibid.*, liv. XXVI, ch. 12. 57 頁。

147）*Ibid.*, pp. 761-762.

148）*Ibid.*, p. 762.

149）*Ibid.*, liv. XXVIII, ch. 3, pp. 794-795. 95-96 頁。

150）*Ibid.*, liv. XXVIII, ch. 9, p. 802. 105 頁。

151）*Ibid.*, p. 803. 106 頁。

152）*Ibid.*, liv. XXX, ch. 10, p. 891. 212 頁。

153）川出良枝『貴族の徳, 商業の精神：モンテスキューと専制批判の系譜』（東京大学出版会, 1996 年）104-105 頁。

154）Montesquieu, C. L. de, *De l'esprit des lois*, liv. XXX, ch. 23, p. 926. 野田ほか訳『法の精神下巻』255 頁。

155）*Ibid.*, liv. XXX, ch. 24, p. 928. 257 頁。

156）佐竹寛『モンテスキュー政治思想研究：政治的自由理念と自然史的政治理論の必然的
諸関係』（中央大学出版部，1995 年）308 頁。

157）Montesquieu, C. L. de, *De l'esprit des lois*, liv. XXXI, ch. 18, p. 968. 野田ほか訳『法の精
神下巻』306 頁。

158）*Ibid.*, liv. XXXI, ch. 25, pp. 979-980. 319 頁。

159）*Ibid.*, p. 980.

160）*Ibid.*, liv. XXXI, ch. 32, p. 988. 330 頁。

161）佐竹前掲書 312 頁。

162）Montesquieu, C. L. de, *Lettres persanes, Œuvres complètes I*, texte présenté et annoté
par Roger Caillois ([Paris] : Gallimard, 1949), pp. 285-286. 田口卓臣訳『ペルシア人の手紙』
（講談社，2020 年）358 頁。

163）*Ibid.*, p. 286.

164）*Ibid.*, p. 287. 362 頁。

165）佐藤嘉幸・田口卓臣『脱原発の哲学』（人文書院，2016 年）77-78 頁。

[第9章]

ル ソ ー

はじめに

フランス革命以前の国民は聖職者（第一身分）・貴族（第二身分）・平民（第三身分）に区分され，少数の第一身分と第二身分が広大な土地と重要な官職を保持し，免税などの特権を有していた。ルイ16世（在位 1774-1792 年）は，イギリスとの戦争によって逼迫した財政をたてなおすために特権身分にたいして課税しようとしたけれども，抵抗されたので，1789 年に三部会を招集した。そこで特権身分と第三身分が対立し，フランス革命が展開していく。

ジャン゠ジャック゠ルソーは 1712 年にスイスのジュネーヴ共和国で最高身分の参政権をもつ「市民[1]」としてうまれた。1728 年にジュネーヴを出国したあと，フランスを中心に生活する。『学問芸術論』（1750 年）と『人間不平等起源論』（1755 年）において文明社会を批判し，1762 年には『社会契約論あるいは国法の諸原理』——副題の *droit politique* を「政治的権利」とする訳書もあるけれども，本章では「国法」とした[2]——と『エミールあるいは教育について』を出版した。『コルシカ憲法草案』『ポーランド統治論』（ともに死後公刊）において，その思想を現実政治に適用しようとした。死去したのは 1778 年であった。

ルソーがフランス絶対王政を背景としておこなった告発を真摯にうけとめて民主政治を追求することは，ますます重要な課題となりつつあるようにおもわれる[3]。本章はこうした問題意識にもとづいて『人間不平等起源論』と『社会契約論』に依拠しつつ，かれの政治思想を考察し，人民主権などにみられる理

論的特質と現代的意義をあきらかにするものである。

1　人間不平等起源論

［1］人間の自然状態

　ルソーによれば，人間の自然状態をただしく判断するためには，人間をその起源から考察することが重要であった[4]。かつて大地は肥沃な自然のままに放置され，あらゆる種類の動物に食料庫と避難所を提供していた[5]。そのなかで人間はほかの動物以上に，容易に生計の手段を発見していた。

　人間はほかの動物にはない性質として，自己を完成する能力を有する[6]。人間はこの「完成能力（*perfectibilité*）」によって知識だけでなく誤謬を，美徳だけでなく悪徳を身につけ，自然のみならず自分自身をも圧制することになる。

　未開人は自己保存の欲求と，同胞の苦痛をみることにたいする生来の嫌悪感たる「憐憫（Pitié）」をそなえていた[7]。ルソーは，すべての動物を自己保存に注意させる自然の感情たる「自己愛（Amour de soi-même）」を，社会のなかでうまれて，各個人をほかのだれよりも自分を尊重するようにさせる「自尊心（Amour propre）」と区別している[8]。

　野性のひとは，狡知もことばも住居も戦争も交際もなく，同胞の必要もそれを害する欲望もなく，だれをも識別せず，森をさまよい，自分だけで充足していた[9]。自然状態において不平等はほとんど感じられず，その影響はほぼなかった[10]。そうした人間のあいだになぜ不平等が生じ，すすんできたのであろうか。

［2］不平等の起源と進行

　ある土地をかこいこみ「これは自分のものである」と最初におもいつき，それを信じるほど単純なひとびとをみつけたひとが，政治社会の真の創立者であった[11]。杭をひきぬき，あるいは溝をうめながら「この詐欺師のいうことに耳をかたむけないように。果実は万人のものであって，大地はだれのものでも

ないということを忘却すれば，破滅する」と，同胞にうったえたひとがいたら，人類はおおくの犯罪と戦争と殺人，悲惨と恐怖をまぬがれることができたであろう。ルソーは，自然状態のこの最後の地点に到達するまでの歴史をあきらかにしようとする。

　人間は単独でなしうる仕事だけに専念しているかぎり，自由で健康で善良で幸福であった [12]。しかし，やがて，ほかの人間の援助を必要とし，ただ1名のひとのために2名分のたくわえをもつことが有益だと気づく。すると平等は消滅し，私有が導入され，労働が必要となり，広大な森には収穫とともに奴隷状態と悲惨が芽ばえ成長する。冶金と農業こそが，人類を堕落させたのである。私有は競争と対抗心，利害の対立，つねに他者を犠牲にして自分の利益をえようという欲望をあらゆる人間に喚起し，戦争状態をもたらした [13]。

　富者が「弱者を抑圧からまもり，野心家を抑制し，各人に属する所有物を各人に保障するために，団結しよう。……賢明な法によってわたくしたちを支配し，協同体のすべての成員を保護・庇護し，共通の敵を撃退し，永久の和合のなかにわたくしたちを維持する1つの最高の権力に，わたくしたちの力を集中しよう」といったとき，だれもが自分の自由を保障しうると信じて鉄鎖のまえにかけつけた [14]。これが社会と法律の起源であり，私有と不平等の法律を永久に固定することとなった [15]。

　うまれたばかりの政府においては，不都合と無秩序がたえず増加していた [16]。そのなかで人民は，自分たちの自由をまもるために首長をもうけた [17]。為政者の職は最初，選挙によるものであった [18]。やがて，その選挙に策略がはいりこみ，党派活動が活発になり，内乱が発生した [19]。首長はそれに乗じて世襲化し，同胞市民を奴隷とよび，家畜とおなじようにあつかい，自分たちを神と同等のもの，王のなかの王と呼称するようになった。

　したがって，不平等の進行は，つぎの段階をたどる。第1期は法律と所有権が成立するときであり，富者と貧者がうまれる。第2期は為政者の職を設定するときであり，強者と弱者が存在する。第3期は合法的な権力が専制的な権力に変化するときであり，支配者と奴隷がみとめられる。こうした不平等

が人間の「ひとをあざむく軽薄な外面，徳のない名誉，知恵のない理性，幸福のない快楽」をもたらしていた[20]。

2　社会契約論

［1］社会契約

　ルソーは自由な国家の市民として，主権者の一員としてうまれたために，公共の問題にかかわる自分の発言がどれほど微力であろうと，いやしくも投票権をもつというだけで，その問題を研究する義務をおわされているとかんがえた[21]。かれのみるところによれば，人間は自由なものとしてうまれ，しかもいたるところで鉄鎖につながれている。ルソーはこうしたことを正当化しえているものがなにかを究明しようとした。

　あらゆる社会のなかで，最古にして唯一の自然な社会は家族であった[22]。子どもは自己を保存するために父親を必要とするあいだだけ，父親にむすびつけられているけれども，その必要がなくなると，子どもは父親に服従する義務を，父親は子どもの世話をする義務を，それぞれ免除されて，父子ともども独立の状態にもどる。

　当時，こうした父親とはことなる最強者が，自分の力を権利に，自分への服従を義務に，それぞれかえて，いつまでも主人でありつづけようとして，最強者の権利なるものを出現させ，現実に原理として確立していた[23]。しかし，ひとがしたがう義務を有するのは，正当な権力にたいしてのみであった[24]。「わたくしはあなたと，すべてがあなたの負担，わたくしの利益となる約束をむすぶ。わたくしもあなたもそれを，わたくしの気がむくあいだだけ遵守する」というのは，ばかげていた[25]。

　ルソーはこのように専制の支持者を批判した[26]。もっとも，かれによれば，人民が国王をえらぶ行為よりもまえに，人民が人民となる行為を検討しなければならなかった。後者こそが社会の真の基礎だったからである。

　社会契約によって「各人は身体とすべての能力を共同のものとして，一般意

志の最高の指揮のもとにおく。また，団体のなかでの各構成員を，分割不可能な全体の部分としてうけいれる[27]。」各個人がすべての他者と結合することによって形成される公的人格はかつて「都市国家（*Cité*）」と，いまは「共和国（*République*）」か「政治体（*corps politique*）」と，それぞれ呼称されている[28]。それは受動的な面に着目すれば「国家（*Etat*）」であり，能動的な面に着目すれば「主権者（*Souverain*）」であり，ほかの同様の公的人格と比較すれば「国（*Puissance*）」である[29]。こうした公的人格の構成員は，集合的には「人民（*peuple*）」と，主権者としては「市民（*Citoyens*）」と，国家の法にしたがうものとしては「臣民（*Sujets*）」とされる。

　主権者はそれを構成している個々人からのみ成立しているので，かれらの利益に反する利益をもっていないし，もつことは不可能であった[30]。しかし，主権者が臣民の忠誠を確保する方法をみいださなければ，臣民が約束をまもる保証はない。人間としての各個人は，市民としてもっている一般意志に反し，それとことなる特殊意志をもつことがある。臣民の義務をはたそうとせず，市民の権利を享受する不正がすすめば，政治体は破滅するであろう。したがって，社会契約は空虚な公式とならないよう，一般意志への服従を拒否するものがみな，団体全体によって服従を強制されるという約束を暗黙のうちに包含していた[31]。

　人間が自然状態から社会状態へ推移するときに，社会契約によって喪失するのは自然的自由と，欲望にしたがって追求しうるすべてのものにたいする無制限の権利であった。社会契約によって獲得するのは社会的自由と，もっているすべてのものにかんする所有権であった。また，人間は社会状態において，人間を真にみずからの主人たらしめる道徳的自由をも獲得する[32]。欲望だけにかりたてられるのは奴隷状態であり，みずから課した法にしたがうことが「自由」だからである。なお，社会状態において各個人が自分自身の地所にたいしてもつ権利は，共同体がすべての土地にたいしてもっている権利に従属していた[33]。

　社会契約は自然的平等を破壊するのではなく，人間の肉体的不平等にかえて

道徳上および法律上の平等を確立するものであった。また，体力か天分において不平等でありうる人間を，約束・権利によってすべて平等にするものであった。

［2］立　法　者

公共の福祉という国家設立の目的にしたがって，国家の力を指導しうるのは，一般意志だけであった [34]。主権とは，一般意志の行使にほかならないので，譲渡することができなかった。おなじ理由で，分割することもできなかった [35]。一般意志はつねにただしく，つねに公共の利益にむかい，共同の利益のみを考慮する [36]。したがって，それは私的な利益にかかわる，特殊意志の総和である全体意志とことなるものであった。

主権者は共同体にとって不要ないかなる束縛をも，臣民に課することができなかった [37]。しかし，統治者が市民に「あなたの死が国家に好都合である」というとき，市民は死ななければならなかった [38]。犯罪者に科せられる死刑は，こうした理由で正当化される。

社会契約によって政治体に存在と生命をあたえたあとは，立法によって運動と意志をあたえることが問題となる [39]。一般意志はつねにただしいけれども，それをみちびく判断はつねに啓蒙されているわけではない [40]。したがって，立法者という，それぞれの国民に適した最良の社会規範を発見するための，すぐれた知性が必要であった [41]。それは，人間のあらゆる情念を理解しているのに，そのいずれにもうごかされず，わたくしたちの性質とまったく類似していないのに，それに精通し，自分の幸福と関係ないのに，わたくしたちの幸福に専心しようとし，時代の進歩のなかに栄光を展望しながら，ある世紀において苦労し，ほかの世紀においてその成果を享受することのできる知性でなければならなかった。

うまれたばかりの人民に政治の健全な格率を是認させ，国家理性の根本的な規範にしたがわせるには，結果が原因となりうることが必要であった [42]。すなわち本来，制度の所産である社会的精神が，その制度の設立をつかさどるこ

とと，ひとびとが法のうまれるまえに，法によってそうなるはずのものになっていることが，必要であった。

　もっとも，立法者は，すぐれた法律を編纂するまえに，人民がそれにふさわしいかどうかを吟味した[43]。また，国家の面積には限度があって，過大だと善政をしくことができず，過小だと独力で維持することができない[44]。とはいえ，広大な領土がもたらす資源よりも，善政からうまれる活力のほうが重要であった[45]。さらに，国家が真の意味で繁栄するには，その住民を維持するのに十分な面積の土地と，それがやしないうる人数の住民が存在しなければならなかった[46]。

　あらゆる体系的立法の目的であるべき，すべてのひとびとの最大の福祉を成立させる要件は，自由と平等であった[47]。後者は，権力を地位と法律によってのみ行使しうることと，いかなる市民もたがいに売買しうるほど富裕でも貧困でもないことを意味した[48]。

　ルソーは法を4つに分類した。第1は，主権者の国家にたいする関係を規制する国家法・基本法（公法）である[49]。第2は，国家の構成員相互の関係を規制する市民法（民事法）である[50]。第3は，不服従と刑罰の関係を規制する刑事法である。第4は習俗・慣習とりわけ世論である。この第4の法こそがすべての法のなかでもっとも重要な，国家の真の構造をなすものであった。それは人民に建国の精神をたもたせ，権威の力を習慣の力に置換するものであった。第1・第2・第3の法の成否は，この第4の法にかかっていた。すぐれた習俗をつくりあげて徳をもち市民としていきることが，ルソーの理想であった[51]。

［3］人民主権

　立法権は人民に，執行権は政府に，それぞれ属する[52]。政府とは，臣民と主権者の連絡のためにもうけられた，法の執行と社会的・政治的自由の維持を任務とする中間団体を意味する[53]。その構成員は行政官か国王すなわち支配者と，その団体全体は統治者と，それぞれ呼称される。

　行政官の有する意志は，3つに区別される。第1は，行政官個人の単独意志
であり，かれ自身の特殊な利益のみを志向するものである[54]。第2は，行政
官たちの共同意志であり，統治者の利益のみにかかわるものである。第3は，
人民か主権者の意志である。ルソーによれば，完璧な立法のもとでは，第1
の意志は皆無で，第2の意志はきわめて従属的で，第3の意志がつねに支配
的となるはずであった[55]。

　政府は，民主制・貴族制・君主制か王制に分類される[56]。民主制とは，政
府を人民全体か，その最大部分に委託して，行政官としての市民の人数が，そ
の職につかない市民よりもおおいものである。貴族制とは，政府を少数のひと
びとの手にゆだねて，たんなる市民のほうが行政官よりもおおいものである。
君主制か王制とは，政府全体をただ1名の行政官の手に集中させて，ほかの
すべての行政官がかれらの権力を，この行政官から継受するものである。

　民主制が存続するには，4つの条件が必要であった。第1は，非常に狭小な
国家であって，人民が集会をもちやすく，各市民がほかのすべての市民を容易
に識別しうることである[57]。第2は，習俗がきわめて素朴であって，無数の
事務や面倒な議論を回避しうることである。第3は，地位や財産の平等が普
及していることである。第4は，奢侈が非常にすくないか，まったく存在し
ないことである。民主制とは，それを維持するために市民の警戒と勇気を要す
るものである。ルソーはこれを神のみに適する完璧な政体であって，人間には
適さないものとみなした[58]。

　貴族制には，自然なものと，選挙によるものと，世襲によるものがある。自
然な貴族制は，年長者が統治するものであり，素朴な人民にのみ適合する。選
挙による貴族制は，選挙の当選者が統治するものであり，最良の政府である。
世襲による貴族制は，貴族の家柄にうまれたものが統治するものであり，最悪
の政府である。

　君主制は，特殊意志が勢力をもち，ほかの意志を容易に支配するものであ
る[59]。ルソーはこのように政府を分類したけれども，厳密にいえば，単一政
体は存在しないとかんがえた[60]。首長が単独でも，何人かの直属の行政官が

必要であり，人民政府でも，1 名の首長を必要とするからである。また，ルソ
ーは，あらゆる統治形態があらゆる国にふさわしいわけではないとみなした
[61]。人民と政府の距離がひろがるほど，租税は重荷となる。そのため，人民の
租税負担は民主制において最小で，貴族制においてはそれ以上で，君主制にお
いて最大である[62]。したがって，民主制は狭小にして貧困な国家に，貴族制
は中程度の富と面積をもつ国家に，君主制は富裕な国民に，それぞれ適合する
ものであった。

　政治的協同体の目的は，その構成員の保存と繁栄にあった[63]。構成員の保
存と繁栄の確証は，その人口が増大していることにあった[64]。したがって，
優良な政府とは，帰化・植民など対外的な手段にたよらずに，市民が人口を増
加させるものであった。

　劣悪な政府とは，統治者が主権者を圧倒して，社会契約を破棄するものであ
った[65]。政府が堕落するのは，それが縮小する——政府が多数者から少数者
の手に，すなわち民主制から貴族制へ，貴族制から王制へ，うつる——ときと，
国家が解体するときである。後者は，統治者が主権を，政府の構成員が団体と
してのみ行使しなければならない権利を，それぞれ簒奪するときである[66]。
国家が解体するとき，民主制は衆愚制に，貴族制は寡頭制に，王制は僭主制に，
それぞれ堕落する[67]。僭主とは，簒奪者と同義である。

　政治体の生命の根源は，主権にある[68]。国家の心臓は，立法権にある。そ
れが機能を停止すれば，国家は死滅する。主権を維持する手段は，人民の集会
にある[69]。すなわち不測の事態にたいして緊急に対処するための臨時集会と，
定例の周期的な集会にある[70]。人民が主権者の団体として合法的に集合する
とき，政府の裁判権は中止され，執行権は停止される[71]。

　ルソーは代議士あるいは代表者の存在を批判した[72]。かれによれば，主権
とは，代表されえないものであった[73]。主権の本質は一般意志にあり，意志
というのはけっして代表されるものではないからである。したがって，イギリ
スの人民は自由だとおもっているけれども，非常にまちがっている[74]。かれ
らが自由なのは国会議員を選挙するあいだだけのことで，選挙がおわると奴隷

となり，なにものでもなくなる。

　政府の設立は人民と，人民がえらぶ首長の契約にもとづくものではなかっ
た[75]。首長が命令して人民が服従する義務をおうための条件をさだめる契約
は奇妙であった。政府の設立は，主権者が政府の形態を決定したあと，人民が
首長を任命することによって，なされるものであった[76]。

　世界中のすべての政府は，ひとたび公共の権力を付与されると，おそかれは
やかれ主権を簒奪する[77]。人民の定期集会は，それを予防するものであった。
この集会は社会契約の維持のために，主権者が政府の現在の形態を保持するこ
とを，人民が統治を現在委任しているひとびとに今後もゆだねることを，それ
ぞれのぞんでいるかを開会時に確認しなければならなかった[78]。

［4］市民宗教

　国家が滅亡にちかづくと，特殊な利益のみを目的とする不正な命令が，法律
という名のもとにあやまって可決される[79]。しかし，一般意志はつねに健在で，
普遍で，純粋である。したがって，集会で公の秩序をまもるためには，一般意
志がつねに意見をもとめられ，回答するようにしなければならなかった。

　ある法が人民の集会に提案され投票に付されるとき，多数者の意志が一般意
志をあらわすものと解される[80]。しかし，一般意志が多数者のなかに存在し
ないこともある[81]。そのばあい，市民の自由は存在しなかった。

　統治者と行政官を選出する方法として，選挙と抽選があった[82]。民主制に
は抽選がふさわしい。民主制における行政は，簡単であればあるほど，すぐれ
たものとなるからである。貴族制には投票が最適である。君主制においては，
抽選も投票もおこなわれない[83]。君主のみが唯一の統治者・行政官だからで
ある。

　古代ローマでは,合法的に招集された集会すなわち民会においてでなければ,
いかなる法律も承認されず，いかなる行政官も選出されなかった[84]。いかな
る市民も投票権から除外されなかった。したがって，古代ローマの人民は，真
の主権者であった。

統治者と人民あるいは主権者の連絡役として，護民府がなければならない[85]。古代ローマの護民官は，政府にたいして主権者を保護していた。

祖国の安否にかかわる事態が発生したとき，法律の神聖な力を停止し，公共の安全を確保するために，もっともふさわしい人物にその任務を委託することがある[86]。初期のローマ共和国は，独裁制を頻繁に導入していた。

世論の腐敗を防止して，習俗を維持するためには，風紀取締官がいなければならない[87]。これは古代のローマでもスパルタでも活用されていた。

宗教には，人間の宗教と「市民の宗教（Religion du Citoyen）」と僧侶階級の宗教がある。人間の宗教は，神殿も祭壇も儀礼もなく，至高の神への純粋に内的な礼拝と，道徳の永遠の義務にかぎられているような，純粋にして単純な福音の宗教，真の有神論である[88]。市民の宗教は，ただ1つの国においてのみ制度化され，その国に固有の守護神を付与する宗教である。僧侶階級の宗教は，ひとびとに2つの法体系，2名の首長，2つの祖国をあたえて，矛盾した義務にしたがわせ，信者であると同時に市民であることをさまたげる宗教であり，ローマのキリスト教がこれに該当する。この宗教の欠点は，社会的統一を破壊することである。市民の宗教の悪弊は，排他的・圧制的となって，人民を残忍に不寛容にすることである[89]。人間の宗教の難点は，市民の心を国家からひきはなすことである。したがって，これらの宗教とはことなる純粋に市民的な信仰告白，それがなければ立派な市民にも忠実な臣民にもなりえないような社会性の感情すなわち「市民宗教（Religion civile）」が必要であった[90]。

このようにルソーは国法の真の諸原理を設定し，この基礎のうえに国家を構築しようとした[91]。

おわりに

ルソーは人民主権をとなえて直接民主主義を志向し，イギリスの代議制すなわち間接民主主義を批判した。現代国家において代議制をただちに廃止することは，規模の問題などからむずかしいといえよう。しかし，間接民主主義にの

み依拠するのではなくて，地方自治体における住民投票などをとおして，直接
民主主義を発展させ，地方自治を活性化させることがますます重要な課題とな
りつつある現代において，ルソーの政治思想はなお意義をうしなっていないよ
うにおもわれる。

　また，かれは戦時に祖国から逃走することを犯罪であるときびしく批判して
いるけれども，議論の出発点を国家ではなくて人間におくルソーが，人為的構
成物たる国家に自衛権をみとめるはずがなかった[92]。このことは，戦争と平
和の問題をかんがえるさいに，重要な示唆をあたえてくれるのではなかろうか。

　かつてのルソー研究は社会的不平等の告発，戦後民主主義，市民創出のため
の教育の実現などをめざしておこなわれていた[93]。しかるに，近年は，読解
の緻密さや作品にかんする知識が進歩したけれども，政治的状況や現実的な課
題と乖離する傾向が存在するようである。緻密な読解を追求しつつ，現実政治
にたいする問題意識をもちながらルソーをよむことが大切であろう。

1)　　小林善彦『誇り高き市民：ルソーになったジャン゠ジャック』（岩波書店，2001 年）4 頁。

2)　　樋口陽一『抑止力としての憲法：再び立憲主義について』（岩波書店，2017 年）57-58 頁。

3)　　久富健「Jean-Jacques Rousseau の死生観について：研究ノートから」『武蔵野女子大学
　　　紀要』第 19 号（1984 年）91 頁。

4)　　Rousseau, Jean-Jacques, *Discours sur l'origine et les fondements de l'inégalité parmi les*
　　　hommes, Œuvres complètes III, édition publiée sous la direction de Bernard Gagnebin
　　　et Marcel Raymond ([Paris] : Gallimard, 1964), p. 134. 原好男訳『人間不平等起源論』『ル
　　　ソー全集第 4 巻』（白水社，1978 年）202 頁。

5)　　*Ibid.*, p. 135. 203 頁。

6)　　*Ibid.*, p. 142. 210 頁。

7)　　*Ibid.*, p. 154. 222 頁。

8)　　*Ibid.*, p. 219, n. XV. 287 頁。

9)　　*Ibid.*, pp. 159-160. 228 頁。

10)　　*Ibid.*, p. 162. 230 頁。

11)　　*Ibid.*, p. 164. 232 頁。

12)　*Ibid.*, p. 171. 240 頁。

13)　*Ibid.*, pp. 175-176. 243-244 頁。

14)　*Ibid.*, p. 177. 246 頁。

15)　*Ibid.*, p. 178.

16)　*Ibid.*, p. 180. 248-249 頁。

17)　*Ibid.*, p. 181. 249 頁。

18)　*Ibid.*, p. 186. 255 頁。

19)　*Ibid.*, p. 187. 256 頁。

20)　*Ibid.*, p. 193. 262 頁。

21)　Id., *Du contrat social ; ou, principes du droit politique, ibid.*, p. 351. 作田啓一訳『社会
契約論』『ルソー全集第 5 巻』（白水社，1979 年）109 頁。

22)　*Ibid.*, p. 352. 110 頁。

23)　*Ibid.*, p. 354. 113 頁。

24)　*Ibid.*, p. 355. 114 頁。

25)　*Ibid.*, p. 358. 119 頁。

26)　*Ibid.*, p. 359.

27)　*Ibid.*, p. 361. 122 頁。

28)　*Ibid.*, pp. 361-362.

29)　*Ibid.*, p. 362.

30)　*Ibid.*, p. 363. 124 頁。

31)　*Ibid.*, p. 364. 125 頁。

32)　*Ibid.*, p. 365. 126 頁。

33)　*Ibid.*, p. 367. 129 頁。

34)　*Ibid.*, p. 368. 131 頁。

35)　*Ibid.*, p. 369. 132 頁。

36)　*Ibid.*, p. 371. 134-135 頁。

37)　*Ibid.*, p. 373. 137 頁。

38)　*Ibid.*, p. 376. 141 頁。

39)　*Ibid.*, p. 378. 143 頁。

40)　*Ibid.*, p. 380. 145 頁。

41)　*Ibid.*, p. 381. 146 頁。

42)　*Ibid.*, p. 383. 149 頁。

43)　*Ibid.*, pp. 384-385. 150 頁。

44)　*Ibid.*, p. 386. 153 頁。

45)　*Ibid.*, p. 388. 155 頁。

46)　*Ibid.*, pp. 388-389.

47)　*Ibid.*, p. 391. 158 頁。

48)　*Ibid.*, pp. 391-392. 159 頁。

49)　*Ibid.*, p. 393. 161 頁。

50)　*Ibid.*, p. 394. 161-162 頁。

51)　中村孝文「ルソーにおける習俗・徳・市民：「演劇についてのダランベールへの手紙」を与件として」『武蔵野女子大学紀要』第 29 号（1994 年）193 頁。

52)　　Rousseau, J.-J., *Du contrat social ; ou, principes du droit politique*, pp. 395-396. 作田訳 164 頁。

53)　*Ibid.*, p. 396.

54)　*Ibid.*, p. 400. 169 頁。

55)　*Ibid.*, p. 401. 169-170 頁。

56)　*Ibid.*, p. 403. 172 頁。

57)　*Ibid.*, p. 405. 174 頁。

58)　*Ibid.*, p. 406. 175 頁。

59)　*Ibid.*, p. 409. 179 頁。

60)　*Ibid.*, p. 413. 184 頁。

61)　*Ibid.*, p. 414. 185 頁。

62)　*Ibid.*, p. 415. 186 頁。

63)　*Ibid.*, pp. 419-420. 191-192 頁。

64)　*Ibid.*, p. 420. 192 頁。

65)　*Ibid.*, p. 421. 193 頁。

66)　*Ibid.*, pp. 422-423. 195 頁。

67)　*Ibid.*, p. 423.

68)　*Ibid.*, p. 424. 197 頁。

69)　*Ibid.*, p. 425. 198 頁。

70)　*Ibid.*, p. 426. 199 頁。

71)　*Ibid.*, p. 427. 201 頁。

72)　*Ibid.*, p. 428. 202 頁。

73)　*Ibid.*, p. 429. 203 頁。

74)　*Ibid.*, p. 430.

75)　*Ibid.*, p. 432. 206 頁。

76)　*Ibid.*, p. 433. 207-208 頁。

77)　*Ibid.*, p. 435. 210 頁。

78)　*Ibid.*, pp. 435-436.

79)　*Ibid.*, p. 438. 213 頁。

80)　*Ibid.*, pp. 440-441. 216-217 頁。

81)　*Ibid.*, p. 441. 217 頁。

82)　*Ibid.*, p. 442. 218 頁。

83)　*Ibid.*, p. 443. 220 頁。

84)　*Ibid.*, p. 449. 226 頁。

85)　*Ibid.*, p. 454. 232 頁。

86)　*Ibid.*, p. 456. 234 頁。

87)　*Ibid.*, p. 459. 238 頁。

88)　*Ibid.*, p. 464. 244-245 頁。

89)　*Ibid.*, p. 465. 245-246 頁。

90)　*Ibid.*, p. 468. 249-250 頁。

91)　*Ibid.*, p. 470. 252 頁。

92)　長谷部恭男『憲法の理性』(東京大学出版会，増補新装版 2016 年) 32 頁。

93)　吉岡知哉・坂倉裕治・桑瀬章二郎・王寺賢太「〈座談会〉ルソーの不在，ルソーの可能性」『思想』1027 号 (2009 年) 9 頁。

近　　代

第10章

マルクス

はじめに

　1793 年にルイ 16 世が処刑されたあと，フランス革命が自国に波及することをおそれたイギリスはオーストリアなどとともに対仏大同盟を結成する。ナポレオン゠ボナパルト（ナポレオン 1 世）はオーストリアやロシアなどの同盟諸国を撃破していったけれども，ライプツィヒのたたかいにやぶれ 1814 年に皇帝から退位——翌 1815 年に復位したあと，ワーテルローのたたかいで敗北し，ふたたび退位——した。フランス革命とそれにつづくナポレオン戦争のあいだに，フランス人は国民としてのまとまりをつよめ，フランスは国民意識をもつものが構成する国民国家となり，統一的な国民国家の建設をめざすナショナリズムが他国へも波及した。

　1806 年にナポレオンがその諸邦を保護下においたことで神聖ローマ帝国が消滅したドイツでは，ゲオルク゠ヴィルヘルム゠フリードリヒ゠ヘーゲルがあるべき国家の理念を提示した。かれによれば「共同体の倫理 1)」は「自由」——他者のうちにあっても自分をうしなわず，自分に依存し，自主的であること 2)——の理念がすがたをあらわしたものであり，家族・市民社会・国家の順で発展する。家族は愛を基礎としてなりたつものであり，そこで要求される心がまえは，自立した個人としてではなく家族の一員として存在することである 3)。その解体は，子どもが成年に達して自分の家族をつくりだす資格があるとみとめられるところに生じる 4)。「市民社会 (bürgerliche Gesellschaft)」はだれもが自己の欲求を満足させようとするものであり，その欲求の対立によ

って肉体的・精神的な頽廃の光景をしめす[5]。市民社会は個人を家族の紐帯からきりはなし，たがいにばらばらな存在とし，独立の人格として承認する[6]。国家は共同体の理念が現実となったものである[7]。個々人の最高の義務は国家の成員たることである[8]。国家は家族と市民社会のめざす共同の最終目的と，個々人の特殊利益を統一するものである[9]。各人が「愛国心」をもつことによって，国家は他者でなくなり，各人は自由となる[10]。国家を構成するのは立法権・統治権・君主権であり，最終的な意志決定をおこなう君主権が立憲君主制の頂点に位置する[11]。もっとも，緊急の国事内容や，必要となる法案の内容を策定し，その客観的側面や，決断の根拠や，関連する法律や事情を付加して，君主の決断をあおぐべく上申するのは，最高審議職につくひとびとであって，その任免は君主の一存にまかせられる[12]。戦争のなかで国民は有限な生活条件が確固としてあることに目をむけなくなるとかんがえるヘーゲルにとって，戦争は国民の健全な共同体精神を維持するものであり「永久平和」は国民を腐敗させるものであった[13]。

　このようにヘーゲルはナショナリズムの勃興を背景として国家の理想像を提示したけれども，カール゠マルクスはこうした国家観を批判した。18世紀後半にイギリスではじまった産業革命の結果，大規模な機械制工場があらわれ，大量生産によって安価な商品を供給しうる大工場を経営する資本家の社会的な地位が向上し，資本主義体制が確立する。おおくの資本家は利潤を追求して労働者を長時間，低賃金で労働させた。そうした労働問題・社会問題を解決するため，社会主義思想がうまれた。

　1814年からフランス革命・ナポレオン戦争後のヨーロッパ秩序を再建するためにウィーン会議が開催され，フランス革命前の王朝と旧制度を復活させることによって政治的安定をめざすウィーン体制が1815年にできあがった。この体制は，1840年代後半のヨーロッパにおける凶作と不況を背景として勃発した1848年革命によって崩壊する。同年2月にフランスで革命がおき（二月革命），翌3月にはドイツへ波及した（三月革命）。フランスでは革命後，労働者の諸要求がみとめられず，六月蜂起がおきたけれども，鎮圧された。ドイ

ツの革命もやがて抑圧された。

　マルクスは 1818 年，ドイツに誕生した。フリードリヒ゠エンゲルスととも
に共産主義者同盟の綱領『共産党宣言』を起草し，1848 年 2 月に出版した。
二月革命後に亡命先のベルギーからフランスをへてドイツに帰国し，三月革命
が挫折したあと，1849 年にイギリスへ亡命した。1864 年には，国際労働者
協会（第 1 インターナショナル）をロンドンで結成する。1867 年に『資本論』
第 1 巻を刊行し，1883 年に死去した。エンゲルスは 1820 年，ドイツにうま
れた。1842 年に父親の経営する会社に勤務するために渡英し，1845 年に『イ
ギリスにおける労働者階級の状態』を公刊する。マルクスを支援しつづけ，
1895 年に死去した。

　「1 つの妖怪がヨーロッパをさまよっている——共産主義の妖怪[14]が。」ヨ
ーロッパの権力者はこの妖怪を退治しようとしていた。そうしたなかで，マル
クスはエンゲルスとともに共産主義者の見解・目的・意向を公表するために『共
産党宣言』を執筆した。本章は，同書第 2 章のおわりに記された，各人の自
由な発展が万人の自由な発展の条件であるような 1 つの協同体などに着目し
て，マルクス主義の現代的な意義を探究するものである。

1　ブルジョアジーとプロレタリアート

　ブルジョアジーとは社会的生産手段を所有して，賃労働を使用する，近代の
資本家階級である[15]。プロレタリアートとは自分で生産手段をもたないので，
いきるために自分の労働力を売るほかはない，近代の賃金労働者の階級である。
「これまでのすべての社会の歴史は階級闘争の歴史である。」

　15 世紀末から 16 世紀にかけてのアメリカの「発見」とアフリカの回航は，
商業・航海・工業の飛躍をもたらした[16]。旧来の家内制手工業にかわって工
場制手工業が登場し，18 世紀以降の蒸気と機械による産業革命が近代のブル
ジョアを登場・発展させた[17]。大工業と世界市場の建設によって，ブルジョ
アジーは近代の代議制国家において政治的支配を確立する[18]。近代の国家権

力は，ブルジョア階級全体の共同事務を処理する委員会にすぎなかった。

　ブルジョアジーは革命的な役割をはたした。すなわち，中世の封建的・家父長制的・牧歌的な諸関係を破壊し，その支配者の粗暴な力の行使と，もっとも怠惰な，なにもしない生活を暴露した[19]。

　ブルジョア階級は自分のすがたのような世界を形成した[20]。すなわち農村を都市に，未開国・半未開国を文明国に，農民国をブルジョア国に，東洋を西洋に，それぞれ依存させた。また，人口を密集させ，生産手段を集中させ，財産を少数の人間の手に集積させた[21]。その結果，政治上の中央集権がうまれた[22]。それにともなって封建社会の所有関係が，そのときまでに発展していた生産力に照応しなくなり，生産を促進せず妨害するようになると，自由競争が登場し，ブルジョア階級は経済的・政治的支配を達成した。

　しかし，ブルジョアジーの支配をささえる所有関係にたいする近代的生産力の反逆がはじまっていた。それは周期的にくりかえす恐慌が証明していた[23]。そこで発生する過剰生産は，工業・商業の過度の発達に起因するものであった[24]。

　産業革命による機械の普及と分業は，女性と子どもの労働を増加させる[25]。また，中間身分の下層のものは大資本家との競争に敗北したり，その熟練があたらしい生産様式によって無価値になったりして，プロレタリアートに転落する[26]。こうしてプロレタリアートが補充されていく[27]。

　機械の改良は，労働者の生活を不安定なものにする。かれらは労賃を維持するために協力し，結社をつくり，ときに暴動をおこす[28]。プロレタリアは階級に，さらには政党に，組織される[29]。

　やがて階級闘争が決着にちかづくと支配階級たるブルジョアジーの一部が自己の階級と絶縁して，未来をになう階級すなわちプロレタリアートと結合する[30]。そうしてプロレタリアートがブルジョアジーを「暴力的(gewaltsamen)」に打倒して，支配を確立する[31]。

　工業の進歩が労働者の革命的団結をもたらすのであるから，ブルジョアジーは自分自身の墓掘人を生産しているといえよう[32]。ブルジョアジーの没落と

プロレタリアートの勝利は不可避であった。

2　共産主義者の目的

　共産主義者の当面の目的はプロレタリアートの階級形成，ブルジョアジーの支配の打倒，プロレタリアートの政治権力獲得にあった。その理論の骨子は，階級対立と一部の人間によるほかの人間の搾取にもとづく「私的所有（Privateigentums）」の廃止にあった[33]。もっとも，資本が共同の所有，社会の全成員に属する所有にかえられても「個人の所有（persönliches Eigentum）」が社会の所有にかわるわけではない。所有の社会的な性格がかわるだけである。すなわち，所有はその階級的な性格をうしなう[34]——この個人の所有が，各人の自由な発展が万人の自由な発展の条件であるような１つの協同体の基礎にあると解釈する研究もみられる[35]——。

　共産主義にたいしては，ブルジョアジーからさまざまな反論がなされた。たとえば，個人的に獲得した，自分で労働してえた所有を，あらゆる個人的な自由・活動・独立の基礎である所有を，廃止しようとしていると非難された。これにたいして，マルクスはエンゲルスとともに，共産主義がうばうのは社会的生産物を取得する力ではなくて，社会的生産物の取得を手段として他者の労働を隷属させる力であると反論している[36]。私的所有を廃止すれば，あらゆる活動がとまって，全般的な怠惰がはびこるという異論があるけれども，マルクスとエンゲルスによれば，私的所有をみとめるブルジョア社会でこそ，ブルジョアの怠惰がはびこっていた。私的所有とともに教養も消滅するという非難もなされたけれども，その教養とは，大多数の人間にとって「機械にしあげられる教育」にすぎなかった。共産主義者は家族を廃止しようとしていると激怒するものもいたけれども，廃止するのは私的営利にもとづくブルジョア的家族と，それを補足するプロレタリアの無家庭と公認の売春であった[37]。共産主義者が家庭教育を社会教育とかえることは，親子関係を廃止するものであるといわれたけれども，かれらは教育を支配階級の影響からひきはなすだけであった。

ブルジョアジーは共産主義者が女性を共有しようとしているというけれども，後者がめざしているのは，たんなる生産用具という女性の地位の廃止であった。共産主義者は祖国を，国民性を廃止しようとしていると非難される[38]。しかし，マルクスとエンゲルスによれば，労働者は祖国をもたないのだから，もっていないものをとりあげることはできないし，プロレタリアートは，政治的支配を獲得し，国民的な階級の地位にのぼり，みずからを国民としなければならないのだから，国民的であった。自由・正義のような永遠の真理と，宗教・道徳を廃止すると非難されるけれども，共産主義革命が伝来の所有関係や思想と絶縁するのは当然であった[39]。

労働者革命の第一歩は，プロレタリアートを支配階級の地位にたかめ，民主主義をたたかいとることにあった[40]。かれらはその政治的支配を利用して，ブルジョアジーから資本を奪取し，いっさいの生産用具を国家の手に，すなわち支配階級として組織されたプロレタリアートの手に集中させるであろう。その具体的方策は，下記のようなものである。

① 土地所有を収奪し，地代を国家の経費に充当すること。
② 強度の累進税を課すこと。
③ 相続権を廃止すること。
④ すべての亡命者・反逆者の財産を没収すること。
⑤ 排他的な独占権をもった，国家資本による単一の国立銀行をつうじて，信用を国家の手に集中すること。
⑥ 全運輸機関を国家の手に集中すること。
⑦ 国有工場と生産用具を増大させ，単一の共同計画によって土地を開墾・改良すること。
⑧ 万人平等の労働義務を課し，産業軍（とくに農業産業軍）を設置すること。
⑨ 農業経営と工業経営を統合し，都市と農村の対立を除去すること。
⑩ すべての子どもに公共の無償教育をおこなうこと。その工場労働を撤

廃すること。教育と物質的生産を結合することなど [41]。

　プロレタリアートは支配階級としてふるい生産関係を暴力的に廃止したあと，その支配をおえる [42]。階級と階級対立のうえにたつ旧ブルジョア社会にかわって「各人の自由な発展が万人の自由な発展の条件であるような 1 つの協同体（Assoziation）」が出現するとされた。

3　社会主義・共産主義批判

　マルクスはエンゲルスとともに，かれら自身のものとことなる社会主義・共産主義をつぎつぎに批判した。かれらはまず「反動的社会主義」を「封建的社会主義」「小ブルジョア社会主義」「ドイツ社会主義あるいは『真正』社会主義」に分類した。封建的社会主義とは，フランスとイギリスの貴族が七月革命や選挙法改正運動において自分の利益をまもるために，搾取される労働者階級の味方のふりをしてブルジョアジーを批判したものである。小ブルジョア層とはプロレタリアートとブルジョアジーのあいだを浮動し，ブルジョア社会の補充部分としてたえずあたらしく形成されるけれども，競争によってたえずプロレタリアートに転落するものたちである [43]。小ブルジョア社会主義はブルジョア制度を批判して，小ブルジョアジーの立場から労働者に味方するけれども，中世の所有関係の復活を意図する反動的・ユートピア的なものであった [44]。ドイツ社会主義あるいは「真正」社会主義は，プロレタリアの利益ではなくて人間一般の利益を代表すると称するものであった [45]。しかし，マルクスとエンゲルスによれば，その人間とはどのような階級にも属さない，現実の存在ではないものであった。この社会主義は共産主義の「粗暴な破壊的」傾向に反対して，いっさいの階級闘争を超越した不偏不党の立場を宣言する不潔にして無気力なものであった [46]。

　「保守的社会主義あるいはブルジョア社会主義」は，ブルジョア社会の永続を確保するために社会の弊害を除去することを願望するものである。それは，

必然的にうまれてくる闘争や危険をなくすことを欲求し，革命的な方法による
ブルジョア的生産関係の廃止ではなくて，その生産関係の基盤のうえでおこな
う行政改革のみを要求するものであった[47]。

　「批判的・空想的社会主義および共産主義」はアンリ゠ドゥ゠サン゠シモン，
シャルル゠フーリエ，ロバート゠オウエンたちによるものである[48]。かれらは
政治行動・革命的行動を非難し，平和的な方法で目的に到達しようとしたけれ
ども，失敗におわった[49]。かれらの著作は現存社会にたいする批判的な要素
をもっていたとはいえ，かれらの弟子は社会的ユートピアの実験的な実現を夢
みて，ブルジョアの博愛にうったえ，反動的社会主義者か保守的社会主義者と
なった[50]。

4　共産主義者の立場

　既成の労働者諸党にたいして，マルクスとエンゲルスをふくむ共産主義者は
以下のように対応する。すなわち，現存の社会状態・政治状態に反対するあら
ゆる革命運動を支持する[51]。また，所有を，運動の根本問題として強調する。
さらに，すべての国の民主的諸党の連絡と了解を達成するために努力する。

　『共産党宣言』は，下記の文言でむすばれている。

　　「共産主義者は,自分の見解や意図をかくすことを拒否する。かれらは,
　従来の社会秩序全体を暴力的に転覆してはじめて，かれらの目的を達成し
　うることを，公然と言明する。支配階級を共産主義革命のまえに戦慄させ
　よ。プロレタリアがこの革命によってうしなうものは鉄鎖のみである。か
　れらの獲得するものは全世界である。
　　　　・・・・・・・・・・・・・・・
　　万国のプロレタリア団結せよ！」

おわりに

　マルクスは，各人の自由な発展が万人の自由な発展の条件であるような1つの協同体の出現を展望した。けれども，かれの思想を継承したウラジーミル゠レーニンが指導したロシア革命の結果，マルクス゠レーニン主義は国家集権主義となり，ソヴィエト社会主義共和国連邦の崩壊につながった[52]。

　1980年代以降，東欧諸国の民主化や西欧諸国の新自由主義による貧富の格差の拡大などを背景に，権力を行使する「国家」とも私益を追求する「市場」ともことなる「市民社会」が，自発的に公益を志向する領域として脚光をあびるようになった。それはヘーゲルのいう „bürgerliche Gesellschaft" ではなくて「自由な意思にもとづく非国家的・非経済的な結合関係[53]」を核心とする „Zivilgesellschaft" であり「共同（associations）」と「公共（publics）」を主たる要素とする「経済と国家から区別された社会的相互作用の領域[54]」である。

　そうした状況において，レーニンとはことなるマルクス主義のありかたを模索したアントニオ゠グラムシや平田清明の市民社会論が注目をあつめてきた。グラムシは「上部構造」を「市民社会」すなわち「民間」といわれている機構全体と「政治社会あるいは国家」にわける[55]。前者は「ヘゲモニー」すなわち支配集団の方針にたいする住民大衆の「自発的」同意の形成が，後者は「直接的支配」あるいは命令が，それぞれなされるところである[56]。かれによれば，ヨーロッパにおける闘争の形態は，1917年にロシアで勝利をおさめた「機動戦」ではなくて「陣地戦」でなければならなかった[57]。ロシアでは国家がすべてであって，市民社会が未成熟であったのにたいして，ヨーロッパでは市民社会が頑丈であったため，国家にたいする機動戦ではなくて市民社会の諸機構における陣地戦をとおしての体制変革が有効だったからである。

　『資本論』によれば「諸個人の自己労働にもとづく分散的な私有」の否定が「資本主義的な私有」であり，その否定の否定が「協業と土地の共有と労働そのものによって生産される生産手段の共有を基礎とする個人的所有

(individuelle Eigentum)」をつくりだす[58]。平田は同書のフランス語版に着目して，社会主義社会を「勤労者（travailleur）」の「個体的所有（propriété individuelle）」が「再建（rétablit）」されていく社会と規定している[59]。かれによれば，所有とは生産・交換・消費における自己獲得を意味する。物質的な生産・交換・消費において，ひとが個体としての自己獲得を実現することが個体的所有再建の第1の内容であり，精神的な学問・芸術・情報の生産・交換と享受・利用における個体としての自己獲得が，個体的所有再建の第2の内容である。平田は「とくに，情報の生産・交換・利用における個体としての自己獲得をぬきにして，社会主義を論ずるのは，社会主義についての空語を語るにすぎない」として，ソ連などを批判している。

　こうしたマルクス主義のながれは，自由と平等の両立を国家集権主義的にではなくて，自治・分権的に追求すべきことをものがたっているようにおもわれる。

1)　　Hegel, Georg Wilhelm Friedrich, *Grundlinien der Philosophie des Rechts, oder, Naturrecht und Staatswissenschaft im Grundrisse*, §142, *Werke in zwanzig Bänden*, Bd. VII (Frankfurt am Main : Suhrkamp, 1970), S. 292. 長谷川宏訳『法哲学講義』（作品社，2000 年）298 頁。上妻精・佐藤康邦・山田忠彰訳『法の哲学：自然法と国家学の要綱下巻』（岩波書店，2001 年）308 頁。

2)　　Ders., „Die Wissenschaft der Logik : mit den mündlichen Zusätzen,“ *Enzyklopädie der philosophischen Wissenschaften im Grundrisse* (1830), §24, Zu. 2, *Werke in zwanzig Bänden*, Bd. VIII (Frankfurt am Main : Suhrkamp, 1970), S. 84. 真下信一・宮本十蔵訳『小論理学』（岩波書店，1996 年）112 頁。長谷川宏訳『論理学』（作品社，2002 年）90 頁。高田純『承認と自由：ヘーゲル実践哲学の再構成』（未来社，1994 年）16 頁。

3)　　Hegel, G. W. F., *Grundlinien der Philosophie des Rechts, oder, Naturrecht und Staatswissenschaft im Grundrisse*, §158, S. 307. 長谷川訳 319 頁。上妻・佐藤・山田訳 322 頁。

4)　　Ebenda, §177, S. 330. 長谷川訳 356 頁。上妻・佐藤・山田訳 343 頁。

5)　　Ebenda, §185, S. 341. 長谷川訳 368 頁。上妻・佐藤・山田訳 354 頁。

6)　　Ebenda, §238, S. 386. 長谷川訳 473 頁。上妻・佐藤・山田訳 409 頁。

7)　Ebenda, §257, S. 398. 長谷川訳 499 頁。上妻・佐藤・山田訳 426 頁。

8)　Ebenda, §258, S. 399. 長谷川訳 500 頁。上妻・佐藤・山田訳 427 頁。

9)　Ebenda, §261, S. 407-408. 長谷川訳 503 頁。上妻・佐藤・山田訳 438 頁。

10)　Ebenda, §268, S. 413. 長谷川訳 508 頁。上妻・佐藤・山田訳 445 頁。

11)　Ebenda, §273, S. 435. 長谷川訳 526 頁。上妻・佐藤・山田訳 470-471 頁。

12)　Ebenda, §283, S. 455. 長谷川訳 546 頁。上妻・佐藤・山田訳 493 頁。

13)　Ebenda, §324, S. 492-493. 長谷川訳 590 頁。上妻・佐藤・山田訳 537-538 頁。

14)　Marx, Karl und Friedrich Engels, *Manifest der Kommunistischen Partei*, Institut für Marxismus-Leninismus beim ZK der SED, *Karl Marx Friedrich Engels Werke*, Bd. IV (Berlin : Dietz, 1959), S. 461. 村田陽一訳『共産党宣言』大内兵衛・細川嘉六監訳『マルクス゠エンゲルス全集第 4 巻』（大月書店，1960 年）475 頁。

15)　Ebenda, S. 462.

16)　Ebenda, S. 463. 476-477 頁。

17)　Ebenda, S. 463-464. 477 頁。

18)　Ebenda, S. 464.

19)　Ebenda, S. 464-465. 478 頁。

20)　Ebenda, S. 466. 480 頁。

21)　Ebenda, S. 466-467.

22)　Ebenda, S. 467.

23)　Ebenda, S. 467-468. 481 頁。

24)　Ebenda, S. 468.

25)　Ebenda, S. 468-469. 482-483 頁。

26)　Ebenda, S. 469-470. 483 頁。

27)　Ebenda, S. 470.

28)　Ebenda, S. 470-471. 484 頁。

29)　Ebenda, S. 471.

30)　Ebenda, S. 471-472. 485 頁。

31)　Ebenda, S. 473. 486 頁。

32)　Ebenda, S. 474. 487 頁。

33)　Ebenda, S. 475. 488 頁。

34)　Ebenda, S. 476. 489 頁。

35)　篠原敏昭「『共産党宣言』の共産主義像：「個人的所有」と「協同体（アソツィアツィオン）」」篠原敏昭・石塚正英編『共産党宣言：解釈の革新』（御茶の水書房，1998 年）31 頁。

36)　Marx, K. und F. Engels, a.a.O., S. 477. 村田訳 490 頁。

37）　Ebenda, S. 478. 491 頁。

38）　Ebenda, S. 479. 492 頁。

39）　Ebenda, S. 480-481. 494 頁。

40）　Ebenda, S. 481.

41）　Ebenda, S. 481-482. 495 頁。

42）　Ebenda, S. 482.

43）　Ebenda, S. 484. 498 頁。

44）　Ebenda, S. 484-485. 498-499 頁。

45）　Ebenda, S. 486. 500 頁。

46）　Ebenda, S. 488. 501-502 頁。

47）　Ebenda, S. 488-489. 502-503 頁。

48）　Ebenda, S. 489-490. 503-504 頁。

49）　Ebenda, S. 490. 505 頁。

50）　Ebenda, S. 490-491. 505-506 頁。

51）　Ebenda, S. 493. 507 頁。

52）　山口定『市民社会論：歴史的遺産と新展開』（有斐閣，2004 年）239 頁。

53）　Habermas, Jürgen, *Strukturwandel der Öffentlichkeit : Untersuchungen zu einer Kategorie der bürgerlichen Gesellschaft* (Frankfurt am Main : Suhrkamp, 1990), S. 46. 細谷貞雄・山田正行訳『公共性の構造転換：市民社会の一カテゴリーについての探究』（未来社，第 2 版 1994 年）xxxviii 頁。

54）　Cohen, Jean, "Interpreting the Notion of Civil Society," Michael Walzer ed., *Toward a Global Civil Society* (Providence, R.I. : Berghahun Books, 1995), p. 37. 越智敏夫訳「市民社会概念の解釈」石田淳ほか訳『グローバルな市民社会に向かって』（日本経済評論社，2001 年）46 頁。

55）　Gramsci, Antonio, "Quaderno 12 (1932)," *Quaderni del carcere*, edizione critica dell'Istituto Gramsci ; a cura di Valentino Gerratana, Vol. III (Torino : Giulio Einaudi, 1975), p. 1518. 松田博訳「知識人論ノート」『知識人とヘゲモニー「知識人論ノート」注解：イタリア知識人史・文化史についての覚書』（明石書店，2013 年）20 頁。

56）　Ibid., pp. 1518-1519.

57）　Id., "Quaderno 7 (1930-1931)," *Quaderni del carcere*, edizione critica dell'Istituto Gramsci ; a cura di Valentino Gerratana, Vol. II (Torino : Giulio Einaudi, 1975), p. 866. 上村忠男訳「政治の分野における機動戦から陣地戦への移行」『新編現代の君主』（筑摩書房，2008 年）206 頁。

58）　Marx, Karl, *Das Kapital : Kritik der politischen Ökonomie*, Institut für Marxismus-

Leninismus beim ZK der SED, *Karl Marx Friedrich Engels Werke*, Bd. XXIII (Berlin :
Dietz, 1962), S. 791. 岡崎次郎訳『資本論』大内兵衛・細川嘉六監訳『マルクス゠エンゲル
ス全集第 23 巻第 2 分冊』（大月書店，1965 年）995 頁。

59）　Ders., *Le capital : Paris, 1872-1875, Karl Marx, Friedrich Engels Gesamtausgabe
(MEGA)* , herausgegeben vom Institut für Marxismus-Leninismus beim Zentralkomitee
der Kommunistischen Partei der Sowjetunion und vom Institut für Marxismus-
Leninismus beim Zentralkomitee der Sozialistischen Einheitspartei Deutschlands, Abt. II,
Bd. VII (Berlin : Dietz, 1989), S. 679. 平田清明『市民社会と社会主義』（岩波書店，1969 年）
108 頁。

[第11章]
トクヴィル

はじめに

　フランスでは，ブルボン復古王政の国王シャルル 10 世による反動政治に抗
して，1830 年に七月革命が勃発した。シャルル 10 世の亡命後，自由主義者
としてしられるルイ゠フィリップが即位し，七月王政が成立した。その後，産
業革命が本格化したフランスでは，富裕層が優遇され，中小資本家や労働者は
選挙権をみとめられなかった。1848 年，後者による選挙法改正の要求が拒否
されると，二月革命が勃発する。ルイ゠フィリップが亡命して，第二共和政が
成立した。同年 4 月に男性普通選挙制にもとづく議会選挙が施行されたけれ
ども，社会主義者は大敗する。六月蜂起で噴出したような労働者の不満を背景
として，同年 12 月におこなわれた大統領選挙ではナポレオン 1 世の甥である
ルイ゠ナポレオンが当選した。かれは 1851 年，クーデタによって議会を解散し，
独裁権を掌握した。翌 1852 年には国民投票にもとづいて皇帝に即位し，ナポ
レオン 3 世と称して第二帝政がはじまった。

　アレクシ゠ドゥ゠トクヴィルは 1805 年，フランスの旧貴族の家柄にうまれた。
法律をまなび，裁判官となる。七月革命のあと，1831 年から翌年までアメリ
カをおとずれ『アメリカにおけるデモクラシーについて』（第 1 巻 1835 年，
第 2 巻 1840 年）を公刊した。1839 年に代議士となり，二月革命後の第二共
和制下で，1849 年にオディロン゠バロ内閣の外務大臣をつとめる。1851 年，
ルイ゠ナポレオンのクーデタにより議員資格を剥奪された。政界を引退したあ
と『旧体制と革命』（1856 年）を出版し，1859 年に病没した。

　トクヴィルが『アメリカにおけるデモクラシーについて』をあらわした目的
は，なにか。かれがアメリカ合衆国に滞在中，もっとも注意をひかれたのは「境
遇の平等」についてであった[1]。境遇の平等すなわち「デモクラシー」はヨー
ロッパでも急速に進展していた。フランスでは貴族が下降，平民が上昇し，両
者の距離はちぢまっていた[2]。財産の分割は貧者と富者を接近させたけれども，
両者はたがいに恐怖と怨嗟をいだくようになった[3]。その結果，フランスのデ
モクラシーは無秩序な情熱に身をまかせ，遭遇するものすべてを転覆してき
た[4]。そこでは進歩の名において人間を物質のようにみなし，正義をともなわ
ない効用と，信仰と懸隔した知識と，徳と分離した幸福をみいだそうとするも
のが出現した[5]。しかるに，17世紀初頭にアメリカへ移住したものがデモク
ラシーの原理をヨーロッパから移植して以来，アメリカではデモクラシーの原
理が自由に成長し，習俗とともにすすんで，平穏に法制にまで展開していた[6]。
トクヴィルがアメリカについて検討したのは，ヨーロッパの役にたつ教訓をみ
いだすためであった[7]。

　もっとも，トクヴィルがおとずれたのは，名望家支配を脱却しようとしたア
ンドルー゠ジャクソンが第7代大統領をつとめていたいわゆるジャクソニア
ン゠デモクラシー期のアメリカであったけれども，かれの主たる考察対象は，
植民地時代から継続するニューイングランドのデモクラシーであった[8]。ニュ
ーイングランドのタウンではアテネと同様に，全員の利害に関係することがら
は公共の広場で，市民総会（タウンミーティング）で処理されていた[9]。以下
において『アメリカにおけるデモクラシーについて』の要点をみながら，その
現代的な意義をあきらかにしてみたい。

1　アメリカ社会が民主政治からひきだす真の利益

［1］法の一般的傾向と，法を適用するひとびとの本能

　トクヴィルによれば，民主制の弊害は一目瞭然だけれども，その利点はなが
い目でみないとわからないものであった[10]。アメリカの民主制はしばしば無

能だけれども，その法律の一般的傾向は有益である。民主制の法律は最大多数の利益をめざすものであり，国民全体の多数に発し，かれらは錯誤をおかすことがあっても，それ自体に反する利害をもつはずはないからである[11]。それは貴族制の法律が少数者の手に富と権力を独占させるのと対照的であった。アメリカの民主制のもとで，公務員が最大多数の利害とことなる恒久的利害をもつことはけっしてなかった。公務員の利害は同胞市民の多数の利害と融合・一体化しているためである[12]。合衆国では公務員がみずからの階級的利害をもって，これを優先させるということがないから，為政者がしばしば無能であり，ときには軽蔑に値するとしても，政治の全体的・継続的な動向はのぞましいものであった[13]。

［2］合衆国の公共精神

　本能的な祖国愛とは，ひとの心を出生地にむすびつける無分別にして無私の，説明しえない感情である[14]。それにたいして，思慮ある愛国心とは知識から生じ，法によって発達し，権利の行使とともに増殖し，ほとんど個人の利益と一体化するものである[15]。すなわち，ひとは国の幸福が自分自身の幸福におよぶことを理解し，この法制のもとで，自分もまた国の幸福に寄与しうることを認識する。本能的な祖国愛は純粋・熱烈なものであり，思慮ある愛国心はゆたかな結果をうみだす，持続性のあるものであった。トクヴィルによれば，前者が消滅したとき，国民は全力で第2の愛国心をめざすべきであった。合衆国では，だれもが自分のことのようにタウンや地区や州全体のことがらに関心をよせていた。だれもが社会の統治に積極的な役割をはたしていたからである[16]。民衆は社会全体の繁栄が自身の幸福を左右することを理解し，国運の隆盛が自分の身におよぶとかんがえて，国家のためにはたらいていた。

［3］合衆国における権利の観念

　トクヴィルによれば，権利の観念がなければ，偉大な人民は存在しえなかった[17]。人民に権利の観念をあたえるためには，一定の権利について，その平

穏な行使を万人にみとめる必要があった。アメリカでは，だれもが所有権を承認し，政治的権利をたかく評価していた[18]。民衆自身が権利を有しているから，自己の権利を侵害されないために，他者の権利を攻撃することはなかった。

［４］合衆国における法の尊重

　アメリカ人は，万人が法に服従することを，だれもがある意味で自分の利益とみていた[19]。今日は多数者に属さないものも，明日はその立場になるかもしれず，いま自分が立法者の意志に敬意を表しておけば，やがて自分の意志にたいする敬意を他者に強要する機会もあろうとかんがえるからである。合衆国の住民は，不愉快な法律であっても，これを最大多数がつくったものというだけでなく，自分自身がつくったものとして，よろこんでこれに服していた。だれもが法の力を増大させることに個人的利益をみいだしていた。

［５］合衆国の政体のあらゆる部分にみなぎる活力

　トクヴィルによれば，合衆国にみなぎる政治的活力は，そこにみられる自由や平等よりも理解するのがむずかしいものであった[20]。アメリカの各議会をたえずさわがせる，はげしい政治運動は，最末端の民衆にはじまって，次第にすべての階級の市民におよぶ全体の運動の一部にすぎなかった[21]。アメリカ人が自分の仕事だけに専心することはむずかしかった。社会の統治に関与し，それについて論ずることが，アメリカ人の唯一のたのしみだったからである[22]。民主政治が政治の世界に導入した，たえずわきおこる喧騒は市民社会にも波及していた。たとえば，アメリカ人は公共の所有地に改良をほどこすべきであるという声を毎日きいているうちに，自分自身の所有地をも改良しようという意欲を感じる[23]。このように，民主政治とは，社会全体にたゆまぬ活動力，あふれるばかりの力とエネルギーを普及させるものであった[24]。

2　合衆国における多数者の全能とその帰結

　多数者の力が絶対的であることは，民主政治の本質に由来する[25]。アメリカ諸州の憲法はこの力を増強し，人民が立法府の構成員を直接に，それも非常にみじかい任期で任命することとした[26]。有権者が代議士を選出するにあたって行動の指針を作成し，一定の義務を明示して逸脱をゆるさないということが，頻繁にみられた。多数者の精神的支配がおこなわれるのは，おおくの人間が集合したほうが知識も知恵もあり，最大多数の利益を少数者の利益よりも優先させなければならないという論拠にもとづいていた[27]。多数者は無謬とみなされ，合衆国ではいかなる党派もその権利を承認していた[28]。どの党派もいつかは自分たちがこれを行使する立場にたつと期待するからであった。

［1］立法・行政の不安定性の増大

　アメリカ人は立法府を毎年改選し，それにほとんど無制限の権力をさずけることによって，民主政治に本来ともなう立法の不安定性を増大させていた。法律がかわりやすいことは，民主政治に内在的な欠陥であった。権力の地位にあらたな人物をおくることは，民主制の本性であった[29]。同様の効果は行政のうえにもうまれる。すなわち，ひとびとにとって機嫌をうかがわなければならない大切な権力は多数者のみであるから，かれらの企図する仕事にはだれもが熱心に協力するけれども，多数者の目がほかのところにむいた瞬間，あらゆる努力は停止する[30]。その結果，アメリカではヨーロッパよりも社会の改善に熱意と行動力をそそぐけれども，持続性はすくない。たとえば，アメリカで何人かの宗教家が監獄の状態を改善しようとしたとき，公衆がかれらの声に興奮し，犯罪者の更生が流行の事業となったけれども，それは瞬時になしとげられるはずのないことであった[31]。

［2］多数者の暴政

　1名の人間が全能の権力を身につければ濫用するというのであれば，多数者

についてもおなじことが生じる可能性があった[32]。トクヴィルによれば，混
合政体は存在しない。どのような社会にも，ほかのすべてを支配する 1 つの
行動原理がみいだされるからである[33]。たとえば，18 世紀のイギリスは，民
主制の要素が多分にあったとはいえ，本質的には貴族制の国家であった。ある
社会が混合政体をとって，相反する原理に分断されれば，その社会は革命には
いるか，解体する。したがって，社会のどこかに，ほかのすべての力にまさる
1 つの力がなければならなかった。とはいえ，その力のまえにいかなる障害も
なければ，自由は危機に瀕する。合衆国では，そうしたことにたいする配慮が
なされなかった。

［3］多数者の全能がアメリカの公務員の裁量権におよぼす影響

　アメリカでは，多数者が法律の制定・執行を絶対的に支配していた[34]。か
れらは公務員を自分たちの受動的代理人とみて，その意思の実現をすすんで公
務員にゆだねていた。そのため，公務員の義務をあらかじめ詳論することはな
く，その権限を定義しようとすることも，ほとんどなかった。したがって，法
律が規定する管轄範囲のなかで，アメリカの公務員はフランスの公務員よりも
はるかに裁量の自由をもっていた。

［4］アメリカにおいて多数者が思想におよぼす力

　アメリカでは，多数者の意見が不明確ならば，ひとは見解をかたるけれども，
それが決定的に宣言されると，だれもが沈黙し，それに屈従しようとす
る[35]。多数者が立法・執行の権利をえて，社会の力をすべて手中におさめて
いるからである。アメリカでは，多数者が思想におそるべき枠をはめてい
た[36]。その枠外に一歩でれば嫌悪・迫害・拒絶され，沈黙せざるをえない。
かつて専制君主は反逆者の魂をとらえようとして，容赦なく肉体をうつのであ
って「わたくし〔君主〕とおなじようにかんがえなければ，死をあたえよう」
といった。しかるに，多数者の暴政は反逆者の肉体を放置して，魂に直進する
のであって「わたくし〔多数者〕と同様にかんがえないのは自由である……け

れども，いきることを死よりもつらくしてやろう」というのである [37]。

［5］合衆国における廷臣の精神

　アメリカの政治社会における多数者の暴政の影響は，かすかに感じられるに
すぎなかったけれども，その国民性にたいする悪影響は，注目すべきものとな
っていた [38]。政治の舞台に卓越した人物がほとんど登場しないのは，多数者
の専制によるものであった。合衆国は，廷臣の精神をおおくのひとびとにもた
らしていた。多数者の力があまりにも絶対的で，抵抗しがたいので，多数者が
しいた路線から逸脱しようとおもえば，ある意味で市民権を，いわば人間の資
格を放棄しなければならなかったからである [39]。アメリカでは，精神がすべ
て同一の鋳型でつくられ，同一の進路をたどっているようであった [40]。トク
ヴィルによれば，専制は，指導者よりも人民を堕落させる [41]。それは，絶対
王政下で国王がしばしば偉大な徳をもっていたのに，廷臣がつねに卑劣漢であ
ったのと同様である。

［6］アメリカ諸州の共和国の最大の危機

　この民主的共和国を滅亡の危機にさらすのは無力ではなくて，力の悪用であ
った [42]。無政府状態は，ほとんどつねに権力の暴虐か拙劣さに起因する。ア
メリカ諸州の共和国の政府は，ヨーロッパの君主国の政府よりも集権化され，
活動的であった。アメリカでは，多数者の全能が少数者を絶望においやり，実
力にうったえさせて，無政府状態におちいり，自由を喪失する危険があっ
た [43]。第 4 代大統領ジェイムズ = マディソンがのべるとおり，強大な党派が
脆弱な党派を圧倒するのは，無政府状態にひとしかった [44]。第 3 代大統領ト
マス = ジェファソンも，立法府による暴政をもっともおそるべきものとみなし
ていた [45]。

3　合衆国で多数者の暴政を緩和しているもの

［1］行政の集権の欠如

　国民の多数が情念にひきずられやすく，計画に熱中するとしても，すべての市民をあらゆる場所で一斉一様にその意図にしたがわせることは不可能であった[46]。多数者を代表する中央政府が絶対的に命令したとしても，その実行を，しばしば政府にしたがわない役人にゆだねなければならなかった。トクヴィルによれば，自治体の組織や郡の行政機構は，人民の意志のながれを遅滞・分岐させる岩礁であった。

［2］合衆国における法曹精神と民主政治

　アメリカ人の法律家に権威をみとめ，法律家が政治にたいして力をふるう余地をのこしたことは，民主政治の逸脱にたいする最大の防壁となっていた[47]。こうした効果は，アメリカ以外の場所でも再現しうるものであった。法律家は，ヨーロッパにうまれようとしつつあるデモクラシーの社会で重要な役割をはたす使命をもつものであった。法律を研究するものは，秩序を愛する習慣，形式への愛着，論理的な思考にたいする本能的な愛を身につけ，革命精神に反対し，デモクラシーの無分別な情熱に敵対する[48]。法律家は，法律の研究を通じて特殊知識を獲得し，知識層のなかで一種の特権階級を形成し，貴族のように秩序をもとめる本能的な傾向と，形式を愛する自然な気もちを有し，大衆の行動を嫌悪し，人民の政府を軽蔑する。もっとも，特権を攻撃することによって自己の名声をたかめようとするおおくのひとびとがいるので，すべての法律家が秩序の友・変革の敵であるわけではなかった[49]。しかし，貴族が自分の特権を法律家に分与するたびに，両者は提携した。法律家がもっとも愛するのは「秩序の光景[50]」である。秩序の最大の保障は，権威である[51]。したがって，政府のなかに法律家を加入させることは，専制君主にとっても有益であった。法律家は利益と出自において人民に，習性と趣味において貴族に，それぞれ属する[52]。かれらは民主主義本来の要素と混合・結合しうる唯一の

貴族的要素であった。

　とくにイギリスとアメリカの法曹精神に貴族的な特徴を付与しがちな特別の原因があった。英米人は判例法の体系を保持してきた。判例にもとづく法律は，素人が理解しえないものであった[53]。そのため，法律家は特別の階級を形成していた。アメリカの貴族階級は，弁護士の席と判事の椅子にすわっていた。アメリカの法律家は，その社会のもっとも知的な部分を構成していた[54]。アメリカの人民が情熱にかられ，観念にひきずられるとき，法律家はほとんど目にみえないブレーキをきかせて，人民をなだめ，ひきとめた。人民は民主的本能をもち，あたらしいものを愛し，壮大な計画をえがき，規則を無視し，血気にはやる[55]。それにたいして，法律家は貴族的傾向を有し，ふるいものへの迷信的な敬意をはらい，厳密なものの見方をし，形式を重視し，ゆっくりとふるまう。法律家は，人民が警戒しない唯一の知識階級であった[56]。かれらはおおくの公職に就任を要請される。その結果，立法府にあふれ，行政の指導的地位にたち，法の作成・執行に重大な影響をあたえる。また「陪審制」によって，あらゆる階級のひとびとが法的な思考に習熟していた[57]。

［3］政治制度としてみた合衆国の陪審制

　陪審とは，抽選でえらばれて，臨時に裁判権をあたえられた一定数の市民を意味する[58]。トクヴィルによれば，犯罪者に判決をくだす人間こそ，真に社会の主人である。したがって，陪審の制度は，社会の指導権を人民の手中にゆだねるものであった。アメリカの市民はだれもが有権者であり，被選挙権をもち，陪審員である。アメリカの陪審制度は普通選挙と同様に，人民主権の教義の帰結であった。陪審制は，判決の尊重と法の観念をあらゆる階級に普及させていた[59]。陪審制をとおして，人民は衡平原理の実践をまなぶ。すなわち各人は隣人に判決をくだしながら，いつか自分もそれをうけるかもしれないとかんがえる。また，自分自身の行動の責任を回避しないことをまなぶ。それは政治的な徳の源泉であった。さらに，社会にたいしてはたすべき義務のあることを感じ，統治に参加しているという実感をもち，自分自身の仕事とはべつのこ

とがらへの関与をとおして社会の錆ともいうべき個人的利己主義と闘争する。陪審制はまた，人民の判断力を育成し，理解力を増強するものでもあった。アメリカの裁判官の周囲には，かれの知性の優越をみとめているひとびとが存在した[60]。陪審員は裁判官に感服していた。陪審制は，司法官の権利をそこなうものではなくて，司法官の影響力を確立して，法曹精神をひろげるものであった。

4　合衆国で民主的共和制の維持に役だっている主要な原因

　合衆国で民主的共和制の維持に役だっている原因は，第1にアメリカ人がおかれた特殊・偶然的状況，第2に法制，第3に習慣・習俗であった[61]。

［1］偶然の，あるいは摂理による原因

　アメリカ人には隣国がなかった[62]。したがって，大戦争も財政危機も戦災も征服も，おそれる必要のないものであった。アメリカには，広大な首都もなかった。そのため，地方を首都に従属させて，国全体の運命を一部の人民の手にゆだねるという不正をまぬがれていた[63]。アメリカ人は起源の偶然にめぐまれた[64]。すなわち，かれらの父祖が，境遇と知性の平等をヨーロッパからアメリカにもちこんだ。北アメリカは，住民の定住をまつ1つの空白の大陸，1個の無主の地であった[65]。ヨーロッパからの移民は，産業労働者の不足している地域にあつまった[66]。かれらが労働者として余裕をもつと，その子どもが機会をもとめて未開地におもむき，ゆたかな土地所有者となる。したがって，外国からの移住者にも，うまれながらのアメリカ人にも，貧困は無縁であった。イギリス系アメリカ人は無人の新世界を強欲に奪取していった。かれらは獲物を追求するために，インディアンの毒矢をも，荒野のきびしさをも，畏怖しなかった[67]。それによって，物質的幸福を獲得し，財産がひとびとのあいだに必然的な階層秩序をもたらすと信じていた[68]。

［2］合衆国において法制が民主的共和制の維持におよぼす影響

　民主的共和制を維持する3つの主要な原因は，第1に広大な共和国の力と
狭小な共和国の安定性を合衆国がともに享受することを可能にしている連邦形
式にあった[69]。第2に多数者の専制を抑制すると同時に，自由を愛することと，
自由であるための方法を人民におしえる「地方自治の（communales）制度」
にあった。第3に司法権にあった。すなわち裁判所が民主主義の逸脱を修正し，
多数者の行動を減速させ，方向づけていた。

［3］合衆国において習俗が民主的共和制の維持におよぼす影響

　合衆国において民主的共和制を存続させている主要な原因は，その習俗にあ
った。習俗とは「心の習慣[70]」あるいは一国民の道徳的ならびに知的状態の
総体を意味する。

［4］政治制度としてみた宗教

　宗教は，アメリカ人の民主的共和制の維持に非常に役だっていた。イギリス
系アメリカの大部分に植民したのは，ローマ゠カトリック教会の教皇の権威か
ら脱して，その後いかなる宗教的上位者にも服することのなかったひとびとで
ある[71]。かれらは新世界に，民主的にして共和的なキリスト教をもちこんだ。
18世紀後半に，アイルランドから合衆国にカトリック人口が流入してきた。
アメリカでもカトリックへの改宗者がうまれた。カトリック教徒はもっとも民
主的にして共和主義的な階級を形成していた。そのおおくは貧困であって，参
政権が万人にひらかれないかぎり，政治に参加しえないからであった[72]。また，
カトリック教徒は少数者であるから，万人の権利が尊重されないと，自分の権
利を自由に行使しうる保障がないからであった[73]。

［5］宗教的信仰が合衆国の政治社会におよぼす間接的影響

　合衆国のあらゆる教派はキリスト教としての一体性のなかにあり，キリスト
教道徳はどこでもおなじであった[74]。アメリカでは，ひとの魂を真にうごか

す最大の力をキリスト教が保持していた。宗教は習俗をみちびき，家庭を律することを通じて国家を律していた。アメリカは，結婚による紐帯をもっとも尊重して，婚姻による幸福をもっともたかく，ただしく評価してきた国である[75]。ヨーロッパでは，男性が家族の自然の紐帯と夫婦生活を軽視し，放埓の味をしって，心のやすらぎをうしない，気まぐれな欲望に身をまかせていた[76]。しかるに，アメリカ人は秩序を愛することを家庭生活で身につけ，この秩序への愛を国家の統治にもちこんでいた。キリスト教をとおして，アメリカ人はどれほど大胆であったとしても，克服しがたい障壁のまえにたちどまらざるをえないと感じることがときどきある。こうした自制の習慣は政治社会にもみとめられ，国民をおちつかせ，一度つくった制度を持続させていた[77]。アメリカ人は，共和主義の制度を維持するために宗教が必要であるとかんがえていた[78]。宗教の支配をひろげ確保するために，かれらは西部のあたらしい諸州に聖職者を派遣したり，学校・教会を建設したりした[79]。

［6］アメリカで宗教の力をうみだしている主要な原因

　アメリカにおける宗教の平穏な支配をもたらしたのは，宗教と国家の完全な分離であった[80]。法律と世論は聖職者に政治への道をとざしていた。聖職者自身も自発的に権力からとおざかっていた。宗教が合衆国においてひとびとの魂におよぼす力は，こうした原因に帰すべきであった。政教分離のもとで，宗教が普遍性をもっていたからである[81]。政教一致であれば，宗教は特定の国民にのみ適用しうるものとなろう[82]。本来，大多数の人間は宗教的感情からけっしてはなれるものではなく，来世の生命をもとめる本能によって祭壇にひざまずき，その心を信仰のおしえとなぐさめにゆだねるはずである[83]。しかし，政治と宗教の密接な結合は，ヨーロッパの不信仰者をうみだし，かれらはキリスト教徒を政敵として追及していた[84]。

［7］アメリカ人の知識・習慣・実地の経験

　アメリカ人の知識・習慣は，かれらの政治制度の維持に影響をおよぼしてい

た[85]。ヨーロッパとくらべると，イギリス系アメリカ人の学識者は少数であった[86]。しかし，無知なひとも少数であった。イギリス系アメリカ人の父祖はまったくの文明人としてアメリカに到来し，その子孫が年々，荒野に移動して，身についた知識を移植し，学問を尊重する気風をもたらしたからである[87]。西部のなかば未開の諸州で思想が流布する速度は，大変なものであった。アメリカ人は立法に参加することを通じて法律知識を身につけ，政府に加入することによって政府の形式をまなんだ[88]。

［8］合衆国における民主的共和制の維持にたいする習俗の貢献

　合衆国における民主的共和制の維持に，法律は自然的要因よりも貢献し，習俗は法律よりも貢献していた。ほとんどすべてのアメリカ植民地は，相互に平等なひとびとが，あるいはアメリカに居住することによって平等になったひとびとが，建設したものである[89]。新世界のどこにおいても，ヨーロッパ人は貴族制を創設することができなかった。にもかかわらず，民主的な制度はイギリス系アメリカ人のもとでのみ維持され，合衆国においてのみ繁栄していた。南アメリカのスペイン人は，イギリス系アメリカ人とおなじように物理的自然にめぐまれていたけれども，そこに民主政治は根づかなかった[90]。メキシコはイギリス系アメリカの連邦と同様の地の利をえて，おなじ連邦制を採用したけれども，民主政治に熟達することができなかった[91]。西部のイギリス系アメリカ人も，東部のイギリス系アメリカ人とくらべると，民主的共和制の保持に困難をおぼえていた。その相違は，習俗によるものであった[92]。すなわち東部では，民主主義が慣行・意見・形式のなかに徐々に浸透していったのにたいして，西部では，うまれつつある人民にありがちな未経験と無秩序な習性がみられた。

［9］民主的な制度をアメリカ以外で維持しうる可能性

　トクヴィルの推測によれば，イギリス系アメリカ人がヨーロッパに移動したら，そこではかれらの法律を修正せざるをえないであろう。多数の国民，人口

稠密な都市，強力な軍隊，複雑な政治を特徴とするヨーロッパに，イギリス系アメリカ人がその観念と宗教，習俗とともに移動すれば，その法制をかなり修正しなければならないであろう[93]。民主的な制度とアメリカの制度を区別する必要があった。アメリカ人とは社会の組織の仕方がことなる民主的国民を想定することは可能であった。民主的な制度が用心ぶかく社会に導入され，すこしずつ習慣になじみ，人民の意見と次第に一体化するならば，それはアメリカ以外でも存続しうるであろう。アメリカの民主制が有する法制よりもすぐれた法制を，あるいはすくなくともそれとことなる法制をかんがえることはできる。アメリカ人の習俗・法律が民主的国家に適した唯一の習俗・法律であるわけではなかった[94]。アメリカの実例は，法律と習俗をもちいてデモクラシーを規制することに絶望する必要はないということを証明するだけであった。

［10］ヨーロッパとの関連

トクヴィルが危惧していたのは，民主的な制度をヨーロッパにすこしずつ導入・確立し，市民に自由をうけいれる準備をさせ，その行使を可能にする思想と感覚をあたえて，最大多数の平穏な支配を樹立しなければ「ただ1名の人間の無制限の権力」のもとにおかれるだろうということであった[95]。

おわりに

トクヴィルによれば「個人主義」すなわち市民が同胞全体から孤立して家族・友人と片隅にとじこもろうとし，自分だけの狭小な社会をつくって，広大な社会をわすれることが，境遇の平等の進展につれて生じる[96]。貴族社会では，すべての市民が上下関係のなかで目上の庇護を必要とし，目下の助力をえることができる[97]。貴族制はかれらを農民から国王にいたる1つのながい鎖に結合させたけれども，デモクラシーはその鎖を切断し，環を分離する[98]。ひとびとは自分の力に不遜な自信をいだき，今後仲間の協力をもとめることはないとおもいこみ，自分は自分のことだけをかんがえると態度にしめしてはばから

ない[99]。個人主義と「物質的幸福をもとめる情熱[100]」に支配されたひとびとのうえに「おだやかな[101]」専制が成立する。多数の類似した平等なひとびとが矮小にして卑俗な快楽を追求し，他者の運命にほとんどかかわりをもたないなかで，1つの巨大な後見的権力がそびえたち，かれらの享楽を保障し，生活の面倒をみる[102]。現代人は指導されたいという欲求と，自由のままでありたいという願望をあわせもつため，単一の，ひとを後見する全能の権力と市民が選挙でえらぶ権力を，すなわち集権制と人民主権を結合させ，後見人を自分でえらんだことをおもいうかべて後見をうける[103]。

　こうした専制におちいらないためには，ひとびとの公共精神を育成する「地方自治」と，政治的な徳をもたらして社会の錆ともいうべき個人的利己主義を克服する「陪審制」と，その感情と思想をあらため，心をひろげ，人間精神を発展させる相互の活動をうみだす「結社」という「民主主義の3つの学校」が重要であった[104]。民主主義をなりたたせるのは市民が地域社会の問題に積極的にたずさわることであるというトクヴィルからジョン＝スチュアート＝ミルにいたる古典的な政治理論家の主張がただしいことは「社会資本関係」にかんする研究が証明している[105]。個人にとって家族・友人・同僚は重要な「資産」であり，種々の社会的なつながりや市民の結社をそなえた地域社会は，貧困や脆弱性に対処したり，紛争を解決したり，あたらしい機会を活用したりしやすいものであった[106]。また，市民の連帯感や規範意識を涵養する役割をもつものとして宗教が注目されるなかで[107]，トクヴィルの宗教論はきわめて示唆にとむものといえよう。

　トクヴィルは「国家に直接依拠しない，自主的に組織する，法的に保証された領域」たる市民社会を，国家の干渉によって窒息させないよう保護・再生しようとした[108]。また，市民の自発的結社の存在とそこでの自治を自由の条件とみなした[109]。それは，近代市民社会の基本的な原理であった[110]。こうした思想は，ミルにもみいだされることとなろう。

1)　Tocqueville, Alexis de, *De la démocratie en Amérique I* (1835), *Œuvres II*, édition publiée sous la direction d'André Jardin ([Paris] : Gallimard, 1992), p. 3. 松本礼二訳『ア メリカのデモクラシー第1巻（上）』（岩波書店，2005 年）9 頁。

2)　*Ibid.*, p. 6. 13-14 頁。

3)　*Ibid.*, p. 11. 21 頁。

4)　*Ibid.*, p. 12. 22 頁。

5)　*Ibid.*, p. 14. 25 頁。

6)　*Ibid.*, pp. 14-15. 26 頁。

7)　*Ibid.*, p. 15. 27 頁。

8)　小川晃一「デモクラシーの原型：トクヴィルを中心にして」斎藤眞編『民主政と権力』（研 究社出版，1976 年）40 頁。

9)　Tocqueville, A. de, *De la démocratie en Amérique I*, *Œuvres II*, p. 44. 松本訳『アメリ カのデモクラシー第1巻（上）』66 頁。

10)　*Ibid.*, p. 264. 松本礼二訳『アメリカのデモクラシー第1巻（下）』（岩波書店，2005 年） 111 頁。

11)　*Ibid.*, p. 265. 113 頁。

12)　*Ibid.*, p. 267. 116 頁。

13)　*Ibid.*, p. 268. 118 頁。

14)　*Ibid.*, p. 269. 119 頁。

15)　*Ibid.*, p. 270. 120 頁。

16)　*Ibid.*, p. 271. 121-122 頁。

17)　*Ibid.*, p. 272. 123 頁。

18)　*Ibid.*, p. 273. 125 頁。

19)　*Ibid.*, p. 276. 129 頁。

20)　*Ibid.*, p. 277. 131 頁。

21)　*Ibid.*, pp. 278-279. 133 頁。

22)　*Ibid.*, p. 279.

23)　*Ibid.*, p. 280. 135 頁。

24)　*Ibid.*, p. 281. 136 頁。

25)　*Ibid.*, p. 282. 139 頁。

26)　*Ibid.*, p. 283.

27)　*Ibid.*, p. 284. 141-142 頁。

28)　*Ibid.*, p. 285. 142-143 頁。

29)　*Ibid.*, pp. 285-286. 144 頁。

30）　*Ibid.*, p. 286. 145 頁。

31）　*Ibid.*, p. 287. 145-146 頁。

32）　*Ibid.*, p. 288. 147-148 頁。

33）　*Ibid.*, p. 289. 148 頁。

34）　*Ibid.*, p. 291. 151 頁。

35）　*Ibid.*, p. 292. 152-153 頁。

36）　*Ibid.*, p. 293. 154 頁。

37）　*Ibid.*, pp. 293-294. 155 頁。

38）　*Ibid.*, p. 295. 157 頁。

39）　*Ibid.*, p. 296. 159 頁。

40）　*Ibid.*, pp. 296-297.

41）　*Ibid.*, p. 297. 160 頁。

42）　*Ibid.*, p. 298. 161 頁。

43）　*Ibid.*, p. 299. 163 頁。

44）　Madison, James, "The Federalist No. 51 (February 6, 1788)," Alexander Hamilton, James Madison, and John Jay, *The Federalist*, Terence Ball ed., *The Federalist with Letters of "Brutus"* (Cambridge, U.K. : Cambridge University Press, 2003), pp. 254-255. 齋藤眞・武則忠見訳『ザ・フェデラリスト』（福村出版，1991 年）256 頁。

45）　Jefferson, Thomas, "Letter to James Madison (March 15, 1789)," Merrill D. Peterson ed., *Writings* (New York, N.Y. : Literary Classics of the U.S. ; Distributed to the trade in the U.S. and Canada by Viking Press, 1984), p. 944. 松本重治・高木誠訳「書簡選集」松本重治責任編集『フランクリン：ジェファソン：マディソン他：トクヴィル』（中央公論社，1980 年）285 頁。

46）　Tocqueville, A. de, *De la démocratie en Amérique I, Œuvres II*, p. 301. 松本訳『アメリカのデモクラシー第1巻（下）』167 頁。

47）　*Ibid.*, p. 302. 169 頁。

48）　*Ibid.*, p. 303. 170 頁。

49）　*Ibid.*, p. 304. 172 頁。

50）　Id., *De la démocratie en Amérique*, 1re éd. historico-critique, rev. et augm. par Eduardo Nolla, Tom. I (Paris : J. Vrin, 1990), p. 208. 173 頁。

51）　Id., *De la démocratie en Amérique I, Œuvres II*, p. 305.

52）　*Ibid.*, p. 306. 174-175 頁。

53）　*Ibid.*, p. 307. 176 頁。

54）　*Ibid.*, p. 308. 178 頁。

55) *Ibid.*, pp. 308-309. 179 頁。

56) *Ibid.*, p. 309. 180 頁。

57) *Ibid.*, p. 310. 181 頁。

58) *Ibid.*, p. 313. 184 頁。

59) *Ibid.*, p. 315. 187 頁。

60) *Ibid.*, p. 317. 191 頁。

61) *Ibid.*, p. 318. 193 頁。

62) *Ibid.*, p. 319.

63) *Ibid.*, p. 320. 195 頁。

64) *Ibid.*, p. 321.

65) *Ibid.*, p. 322. 197 頁。

66) *Ibid.*, p. 324. 200 頁。

67) *Ibid.*, p. 325. 202 頁。

68) *Ibid.*, p. 329. 208 頁。

69) *Ibid.*, p. 331. 210 頁。

70) Bellah, Robert N. et al., *Habits of the Heart : Individualism and Commitment in American Life*, updated ed. with a new pref. (Berkeley : University of California Press, 2008), p. 37. 島薗進・中村圭志訳『心の習慣：アメリカ個人主義のゆくえ』（みすず書房, 1991 年）43 頁。

71) Tocqueville, A. de, *De la démocratie en Amérique I, Œuvres II*, p. 332. 松本訳『アメリカのデモクラシー第 1 巻（下）』212 頁。

72) *Ibid.*, pp. 333-334. 214 頁。

73) *Ibid.*, p. 334.

74) *Ibid.*, p. 336. 217 頁。

75) *Ibid.*, pp. 336-337. 219 頁。

76) *Ibid.*, p. 337.

77) *Ibid.*, pp. 337-338. 220 頁。

78) *Ibid.*, p. 338. 221 頁。

79) *Ibid.*, p. 339. 222 頁。

80) *Ibid.*, p. 342. 226 頁。

81) *Ibid.*, p. 343. 229 頁。

82) *Ibid.*, pp. 343-344.

83) *Ibid.*, p. 347. 234-235 頁。

84) *Ibid.*, p. 348. 236 頁。

85)　*Ibid.*, p. 349. 237 頁。

86)　*Ibid.*, p. 350. 238 頁。

87)　*Ibid.*, p. 351. 240 頁。

88)　*Ibid.*, p. 353. 242 頁。

89)　*Ibid.*, p. 354. 244 頁。

90)　*Ibid.*, p. 355. 245 頁。

91)　*Ibid.*, p. 356. 247 頁。

92)　*Ibid.*, p. 357. 248 頁。

93)　*Ibid.*, p. 359. 251-252 頁。

94)　*Ibid.*, p. 361. 255 頁。

95)　*Ibid.*, p. 366. 263 頁。

96)　Id., *De la démocratie en Amérique II* (1840), *ibid.*, p. 612. 松本礼二訳『アメリカのデモクラシー第 2 巻（上）』（岩波書店，2008 年）175-176 頁。

97)　*Ibid.*, p. 613. 176-177 頁。

98)　*Ibid.*, pp. 613-614. 177 頁。

99)　*Ibid.*, p. 614. 179 頁。

100)　*Ibid.*, p. 641. 222 頁。

101)　*Ibid.*, p. 835. 松本礼二訳『アメリカのデモクラシー第 2 巻（下）』（岩波書店，2008 年）254 頁。

102)　*Ibid.*, pp. 836-837. 256-257 頁。

103)　*Ibid.*, p. 838. 258 頁。

104)　*Ibid.*, pp. 623-624. 松本訳『アメリカのデモクラシー第 2 巻（上）』192-193 頁。小山勉『トクヴィル：民主主義の三つの学校』（筑摩書房，2006 年）20, 344 頁。

105)　Putnam, Robert D. and Kristin A. Goss, "Introduction," Robert D. Putnam ed., *Democracies in Flux : The Evolution of Social Capital in Contemporary Society* (Oxford ; Tokyo : Oxford University Press, 2002), p. 6. 猪口孝訳『流動化する民主主義：先進 8 ヵ国におけるソーシャル・キャピタル』（ミネルヴァ書房，2013 年）4 頁。

106)　Woolcock, Michael and Deepa Narayan, "Social Capital : Implications for Development Theory, Research, and Policy," *The World Bank Research Observer*, Vol. XV, No. 2 (2000), p. 226.

107)　日本政治学会『宗教と政治』（木鐸社，2013 年）4 頁。

108)　Keane, John, *Democracy and Civil Society : On the Predicaments of European Socialism, the Prospects for Democracy, and the Problem of Controlling Social and Political Power* (London : Verso, 1988), p. 36.

109）山口定『市民社会論：歴史的遺産と新展開』（有斐閣，2004 年）140 頁。

110）星野智『市民社会の系譜学』（晃洋書房，2009 年）2 頁。

[第12章]

ミ　ル

はじめに

　ジョン゠スチュアート゠ミルは多数者の暴政に抗して個人の自由を擁護するとともに，産業革命がもたらした労働問題・社会問題を背景として，労働者の政治参加を促進しようとした。かれは 1806 年，ロンドンにうまれた。1859 年に『自由論』を，1861 年に『代議政治論』を，それぞれ出版する。1865 年から 1868 年まで庶民院議員をつとめ，1873 年に死去した。本章では『自由論』と『代議政治論』に即して，ミルの政治思想の特徴をしめすとともに，近代日本がそれにどのように対応したのかをみてみたい。

1　自　由　論

［1］序　　論

　『自由論』の主題は「市民的自由あるいは社会的自由」すなわち社会が個人に行使してよい権力の性質と限界であり，支配者が社会にふるう権力の制限すなわち「政治的自由あるいは政治的権利」の獲得や，立憲的制約の確立ではなかった[1]。「多数者の暴政」すなわち個人の魂を奴隷にする支配的な世論・感情が，個性の発達に足枷をかけていた[2]。ミルによれば，人類がだれかの行動に介入しうるのは自己防衛すなわち他者にたいする危害を防止するときだけであった[3]。これは「危害原理」あるいは「自由原理」として一般にしられている[4]。人間の行為のなかで社会にしたがわなければならないのは他者に関係す

る部分だけであり，自分自身にのみ関係する行為においては，個人が主権者で
あった[5]。ミルは直接的に，第一義的に自分自身にのみ関係する行動領域の自
由として「良心の自由」すなわち「思想と感情の自由」およびそれと不可分の
「意見を表明・公表する自由」ならびに「趣味と職業の自由」「個人間の結合の
自由」をあげている[6]。当時の世論や慣行は，個人にたいする社会の専制を確
立しようとしていた[7]。

［2］思想と討論の自由

　ミルによれば，暴虐な政府にたいして出版の自由を擁護する必要はもはやな
かった[8]。重要なのは，国民が他者の意見発表を統制しないことであった[9]。
ある意見がまちがっているとして，それに耳をかたむけないことは，自分の無
誤謬性を仮定することである。そうした仮定がソクラテスの断罪やイエスの処
刑やローマ皇帝によるキリスト教の迫害をもたらした[10]。19世紀においても
平凡な所説への迎合者，日和見的な真理遵法者が存在し，精神的隷属の一般的
な雰囲気がみられた[11]。

　ある意見が真実であっても，それについて討論しなければ，いきた信念のか
わりに機械的に暗記した少数の語句がのこるだけである[12]。たとえば，キリ
スト教の普通の信者はその教義に習慣的な敬意をはらっているけれども，その
格言に自己を一致させようとする感情をもっていなかった[13]。

　相あらそう学説がそれぞれ真理の一部をふくんでいるばあいも，それを補足
しあうため，たがいに反対意見を必要とする[14]。たとえば，18世紀の世論は
文明と近代科学・文学・哲学の驚異に感嘆していたけれども，ジャン゠ジャッ
ク゠ルソーは「単純素朴な生活にこそ，すぐれた価値があり，人為的社会の束
縛と偽善は人間をよわめ堕落させる」という趣旨のことをのべている[15]。こ
れは当時の世論に欠如していた真理の一部であった。また，秩序あるいは安定
の党と，進歩あるいは改革の党は，どちらも健全な政治にとって不可欠であっ
た。

　意見の自由と意見発表の自由が人類の精神的幸福にとって必要なのは，上記

の根拠にもとづいていた[16]。少数意見を中傷することは反対意見を発表・傾聴する気をうしなわせるので，真理と正義のためにこれをとりしまるべきであった[17]。

［3］幸福の一要素としての個性

『自由論』第3章は前章の思想と討論の自由を応用して，行動の自由を論じたものである[18]。人間は自己の意見にもとづいて自由に行動すべきであった。第一義的に他者に関係しないことがらにおいては自己の個性を発揮するのがのぞましいのであって，他者の伝統か慣習に束縛されるのは幸福でなかった[19]。自己の生活を自分自身の方法でいとなむ正当な権利をもつのは，精神的に優越するひとだけでなかった[20]。まあまあの常識と経験を有するならば，自己の生活を設計する自分自身の流儀が最善である。それ自体が最善だからではなくて，それがかれ自身の流儀だからである。人間は羊と同様でなかった。

ミルはひとびとの性格を形成する環境の同質化を促進する要因として，政治的平等の進行，教育の拡張，交通手段の改良，商工業の増進をあげている[21]。これらよりも人間の一般的な類似をつよくもたらしているのは，国家における世論の優位の完全な確立であった[22]。このように大衆社会が到来しつつあるなかで，ミルは個性の権利を主張し「強制的同質化」に抵抗し，生活を1つの画一的な型にほとんどはめこむことを阻止しようとした。今日のような情報化社会においては，多数者ではなくて自分自身の判断にもとづいて行動することがますます重要になっているといえよう[23]。

［4］個人にたいする社会の権威の限界

あるひとの行為が他者の利益に有害な影響をあたえるならば，社会はそれにたいする裁判権を有する[24]。しかし，そうでなければ，その行為をして結果の責任をおう完全な自由が，法的にも社会的にも存在していなければならなかった。かれ自身の幸福にもっとも利害関心をもつのは，かれだからである[25]。

おおくのひとは，ひとの生活のうち，自分自身のみに関係する部分と他者に

関係する部分を区別しようとしなかった[26]。しかし，ミルはそれをわけて，たとえば何人もよっぱらっているだけで罰せられるべきでないけれども，警察官が勤務中によっぱらえば罰せられるべきであるとのべている[27]。個人か公衆にたいする明白な損害か，そのおそれがあるとき，問題は自由の領域からはずれ，道徳や法の領域のなかにおかれる。

　社会が純粋に個人的な行為に介入してはならないのは，それをまちがった仕方と場所でおこなう公算がおおきいからである[28]。社会が個人の行為に介入するのは，自己とことなるふうに行動したり感じたりするのが無礼だとかんがえるからである[29]。けれども，こうした理由は正当性をもたなかった。たとえば，イスラーム教国における豚食の禁止は，社会が個人の趣味や一身上のことがらに介入する権利をもたないという理由で，非難されうる[30]。スペインでローマ゠カトリック教会以外の方法による礼拝を非合法としていることも，同様であった。ミルがとくにイギリスにおいて懸念していたのは，自分たちがよくないとおもう快楽をほかのひとにも享受させてはならないというピューリタンなどの主張や[31]，おとった労働者もすぐれた労働者と同一の賃金をうけるべきであるという職工階級の意見や[32]，博愛主義者を自称するひとびとによる禁酒法の立法運動や，安息日遵守法や[33]，一夫多妻制を是認するモルモン教徒にたいして「十字軍ならぬ文明遠征軍」をおくる提案などであった[34]。

［5］応　　用

　国家が酩酊の手段を高価にしたり，その入手を困難にしたりすべきかという問題について，ミルはその販売権を品行方正なものだけにあたえることや，酒場の開閉店時間を規制することや，治安妨害か犯罪を惹起する店の酒類販売免許をとりけすことは適当だけれども，それ以外の制限は原則として正当でないとみなしている[35]。労働者階級を子どもか未開人としてあつかう束縛の教育をしてはならなかった[36]。それは専制的な，あるいはいわゆる温情主義的な統治であった[37]。

　もっとも，自由原理には例外があり，ひとが自分を奴隷として売る契約は無

効であった。自由原理は，かれが自由でなくなる自由をもつべきだと要求することはできない[38]。自己の自由を放棄するのをゆるされることは，自由でなかった。

　国家は，各人に特別に関係することにおいて各人の自由を尊重するとともに，かれに他者を支配するなんらかの権力をゆるすときには，かれがその権力を行使するのを十分に監督する義務を有していた[39]。しかし，家族関係について，こうした義務が履行されていなかった。人類の幸福をめざして，妻にたいする夫のほとんど専制的な権力をなくすために，妻も夫と同一の権利をもち，同一の仕方で法の保護をうけるべきであった。

　国家がその市民としてうまれたあらゆる人間の教育を，ある一定の水準まで要求・強要すべきであるということは自明の理であった。子どもが他者とかれ自身にたいする役割を適切にはたすよう教育をさずけることは，父親のもっとも神聖な義務の１つとされていたにもかかわらず，イギリスでは，父親にその義務を遂行させることに，ほとんどだれもが反対した[40]。親は子どもの身体のための食物だけでなく，その精神のための教育・訓練をもあたえなければならなかった[41]。そうしないことは，不幸な子と社会の双方にたいする道徳的犯罪であった。普通教育制度を整備したら，政府は教育をおこなう場所と方法の決定を親にまかせて，貧困階級の子どもの授業料のしはらいを援助すればよかった。国民教育の全部か大部分が国家の手中にあるというのは，非難すべきことであった。それは個性と，意見・行動様式の多様性とおなじく，教育の多様性をそこなうからである。国家による教育が国民を鋳型にながしこんで，国民の精神にたいする専制，身体にたいする専制を確立することは，あってはならなかった。

2　代議政治論

［１］統治形態の選択

　統治形態はどの程度まで自由に選択しうるものかという問題にたいしては，

2つの対抗的な理論が存在した[42]。第1は，もろもろの統治形態が人間のつくるものであるため，それらをつくるかつくらないか，またどのようにして，あるいはどのような原型をもとにしてつくるかを，人間が選択しうるというものである。第2は，もろもろの統治が「つくられるのではなくて，できてくる[43]」のであり，わたくしたちをそれらに適合させるべきであるというものである。ミルは国民が①その統治形態をうけいれたがっているか，すくなくとも不同意ではない，②その統治形態を存続させるためにしなければならないことを，すすんでしようとし，そうする能力を有する，③その統治形態がその諸目的を達成するために要求することを，すすんでしようとし，そうする能力を有するという3つの条件をみたせば[44]，統治形態は自由に選択しうるものであると論断した[45]。

［2］すぐれた統治形態の基準

　すぐれた統治を実現するには，社会を構成する人間の資質がよいものでなければならなかった[46]。各個人が利己的な利益のみを追求して公益に関心をもたなければ，すぐれた統治は不可能であった[47]。したがって，すぐれた統治とは①国民の「道徳的・知的・活動的な資質」を育成するものであり，②被治者の「すぐれた資質」を利用し「ただしい目的」への手段とするものであった[48]。

［3］理想的に最良の統治形態

　上記のすぐれた統治形態の基準をみたしうるのは代議政治であって，専制ではなかった。絶対権力という観念は，国民の受動性を含意している[49]。すぐれた専制とは，まったくまちがった理想，もっとも無意味にして危険な妄想であって，おとった専制よりも有害であった[50]。国民の思考・感情・精力をいっそう弛緩・衰弱させるからである。ミルはすべての市民の政治参加を要求した。

　代議政治は万人の権利・利益を保障するものであった[51]。同時に，ミルに

よれば，何人も対等な立場から出発することは，その自助と独立独行の精神にとって大変な刺激となる[52]。国制から除外され，自分の運命の決定者に戸外から嘆願する状態におちいっていることは，大変な落胆をもたらす。人間の自由がその性格を活気づけるのは，他者と同様に十分な特権を有する市民であるか，そうなることを期待しているときであった。また，教養のあるひとになるためには，陪審や教区の職務につくことが有効であった。こうした公務に参加する「公共精神の学校」がなければ，ひとは他者と競争するだけであろう[53]。共同の利益をもとめて共通の仕事に従事しなければ，隣人は競争相手にすぎず，私的道徳は損壊し，公共道徳は消滅する。そうなれば，立法者か道徳家の念願は社会の大部分のひとびとを，ならんで無邪気に牧草をはむ羊の群にすることだけとなろう。

　究極的にのぞましいのは，すべてのひとびとが国家の主権を分担することである。しかし，単一の小都市でなければ，すべてのひとが自分で参加しうるのは若干の公共の業務だけである。したがって，完全な統治の理想型は代議制でなければならなかった。

［4］代議政治の適用不可能性

　代議政治が永続しえないのは，すでにみたとおり，国民が①それをうけいれようとせず，②その保持に必要なことをおこなう意志と能力をもたず，③それが課する義務を履行して職務をはたす意志と能力をもっていないばあいである[54]。

　代議政治が存続しうるけれども，ほかの統治形態のほうがのぞましいのは，国民が文明化するのに最初に必要な服従をまなんでいないばあいである[55]。代議制度による統制をうけない国王の統治は，どの共同社会でも，そのもっとも初期の段階には，もっとも適合的な政治形態であった[56]。

　ある国民が代議政治に絶対に不適当であるわけではないけれども，その十分な恩恵を獲得しづらいばあいもある[57]。たとえば，他者にたいして権力を行使したいという意欲がつよいフランス国民は，ルイ＝ナポレオンの独裁をうみ

だした[58]。

［5］代議機関の本来の職務

　行政は，熟練を要する業務であった[59]。したがって，議会がしなければならないのは，みずから行政のことがらを決定することではなくて，その決定をしなければならないひとびとが適当であるように配慮することであった[60]。立法も経験と訓練をかされた精神，長期の勤勉な研究を通じてその任務に習熟した精神によって，おこなわなければならないものであった[61]。ミルは，内閣構成員の数をこえない小団体が法律をつくることを職務として指定され，立法委員会として活動することを提案した[62]。もっとも，いかなる法案も国会が明白に承認しなければ法律にならず，両院は法案の否決権・差戻権・発議権をもつとしている。議会の主たる任務は，政府を監視・統制して国民の自由を十分に保障することであった[63]。民主的な統制と熟練した立法・行政を両立させるため統制・批判という職務を多数の代表者に，ことがらの実際の処理を，国民にたいする厳格な責任のもとに，とくに訓練され経験をつんだ少数者に，それぞれゆだねるべきであった[64]。

［6］代議政治にともないやすい危険

　代議政治にともないやすい危険は2つある。第1は議員が無知・無能力ということである[65]。その対策として，熟達した人物がものごとを処理し，全国民を代表する機関がそれを監督する必要があった[66]。第2はジェレミ゠ベンサムのいう「邪悪な利益[67]」が議会で優位をしめることである[68]。民主主義には階級立法すなわち支配階級の目先の利益を優先させる危険が存在した[69]。労働者階級と使用者階級のどちらの利益も，真理や正義を圧倒してはならなかった[70]。

［7］真の民主主義と偽の民主主義

　ミルによれば，少数者が適切に代表されているものが真の民主主義であり，

多数者のみが代表されているものは虚偽のみせかけの民主主義であった[71]。かれはトマス゠ヘアの考案した単記移譲式の比例代表制を導入することを提案した[72]。この制度は，すぐれた知性や性格をもつ教育ある少数者を議員に当選させて，多数者の代表者の精神をたかめることが期待された[73]。

［8］選挙権の拡大

　ミルはなるべく選挙権を制限しないことをのぞんだ[74]。その理由は2つある。第1は，選挙権を制限することによって，自由な統治の最大の恩恵である知性と感情の教育がそこなわれるということである。肉体労働者による参政権の行使がその知的進歩の潜在的な手段となることは，アレクシ゠ドゥ゠トクヴィルが『アメリカにおけるデモクラシーについて』のなかですでに証明していた[75]。肉体労働者という日常の職業のために自分の関心がまわりのせまい範囲にかぎられているものが同胞市民に同情・共鳴して，大規模な社会の一員に自覚してなるのは，政治にかんする討論と共同の政治行動によってであった[76]。それには投票権が不可欠であった。第2は，個人が他者とおなじ利害関心をもっていることがらについて，それらを処理するのに自分の意見が顧慮されるという普通の特権（選挙権）をあたえないことは，個人にたいする不正だからである。また，ミルは労働者階級の選挙権と同様の論拠にもとづいて女性の選挙権を要求した[77]。

［9］間接選挙

　間接選挙は第1次選挙人が国会議員を直接選挙するわけではないため，その公共精神や政治的知性を発達させることが困難である[78]。また，国会議員の選挙区民にたいする責任感もよわくなる[79]。さらに，国会議員を選出するのが比較的少数のひとびとであるため，陰謀と腐敗を招来しやすい。ミルは上記のような理由で，間接選挙の導入に反対した。

［10］投票の方法

イギリスでは 1872 年に秘密投票法を制定するまで，公開の選挙集会におい
て有権者が口頭で候補者名をつげる投票方法を採用していた。ミルは秘密投票
制の導入に反対した。投票者は私益ではなくて公益を考慮しなければならなか
った[80]。そのためには，投票を公共の監視と批判のもとでおこなうべきであ
った。

選挙浄化のためには，候補者の費用で投票者を投票場へ運送することを認容
すべきでなかった[81]。演壇，投票事務職員および選挙に必要な設備はことご
とく公費によるべきであった。候補者が負担してよいのは 50 ポンドか 100 ポ
ンドの供託金のみであった。広告・プラカード・チラシによって自分の主張を
有権者にしらせる費用は，この供託金を流用してよければ，それで十分であっ
た。候補者がそれ以上の費用をしはらうことを違法とすべきであった。議員に
それをしなかったという宣誓をさせ,違反すれば偽証罪で処罰すべきであった。
この処罰をおこなえば，国会が真剣であることが国民につたわり，世論はこの
社会にたいするもっとも重大な犯罪をゆるすべき微罪とみなさなくなり，宣誓
が拘束力をもつとかんがえるであろう。

政治家が買収を防止しようと本気でこころみたことはなかった[82]。選挙を
費用のかからないものにすることを心からのぞんでいなかったからである。選
挙に金銭がかかることは，その費用をしはらいうるものにとって，大勢の競争
相手を排除するため有利となる。国会議員を富者に限定することは，それがい
かに有害であっても，保守的な傾向を有するがゆえに歓迎された[83]。こうし
た自由・保守両党の議員の悪意は，富者の階級的な利益か感情に敵対するもの
をおそれて，民主主義的なひとびとが国会議員に当選することを阻止した[84]。

また，国会議員がその職務を自分の利益をうみだすものととらえて，当選す
るために金銭をしはらうことは，道徳的に有害であった。候補者が議員になる
ためについやす金額をきそいあって腐敗していれば，有権者はそれとおなじ道
徳的な気風をもつ。議員が議席を獲得するために金銭をしはらえば，有権者も
選挙を利己的なとりひきとみなすからであった。

ミルは議員に報酬をしはらうことに反対した[85]。候補者が群衆に追従することをおそれたためである。貧困な議員には，公共の寄付金をしはらえばよかった[86]。

［11］国会議員の任期

国会議員の任期は，議員がその責任をわすれたり，個人的な利益をえるために義務をはたしたりするほど，ながくてはならなかった[87]。しかし，議員がもっているすべての能力をしめすことができないほど，みじかくてはならなかった。また，国制における民主主義的な勢力がよわいばあいは短期のほうがよく，つよいばあいは長期のほうがよかった[88]。

［12］国会議員の誓約

立法府の議員はかれの選挙区民の指示に拘束されるべきか[89]。ミルはこの問題にたいして，原則的に拘束されるべきでないとかんがえた。普通の有権者よりも知的にすぐれた代表者と，大多数の選挙区民の意見がことなるばあい，前者のほうがただしいことがおおいだろうから，有権者が代表者を自分たちの意見に同調させることに固執するのは賢明でなかった[90]。しかし，当時のイギリスにおいて貧困階級の有権者は 2, 3 名の富者のなかから選挙するしかなかったため，かれがその候補者に，富者の階級的な利益にとらわれない誓約を要求するのを，非難することはできなかった[91]。

［13］第　二　院

あらゆる政治体は，国制のなかに支配的な勢力にたいする抵抗の中心をもつべきであった[92]。民主主義的な国制には，民主主義にたいする抵抗の核が存在すべきであった。ミルの理想とする第二院は多数者の階級利益に反対して，かれらの誤謬と弱点を補正しうるものである[93]。それはイギリスの貴族院ではなくて，ローマの元老院のような特別な訓練と知識を有するものからなる機関であった。第一院が民衆の感情を代表する「人民（People）の議院」であ

るならば，第二院は重要な政治的地位や職務を経験した「政治家（Statesmen）
の議院」たるべきであった。もっとも，代議政治の性格は民主的な議院たる第
一院の構成によってきまるため，第二院にかんする問題はとるにたらないもの
であった[94]。

［14］行　政　府

　民主的な国制におけるすぐれた統治の非常に重要な原理は，行政府の役人を
民衆の選挙によって投票すべきでないということである[95]。統治のあらゆる
業務は熟練を要する仕事であり，それを遂行するための資質は特別にして専門
的な種類のものであって，その資質を正当に判定しうるものはかぎられている
からである[96]。したがって，公開試験による競争をとおして成績優秀者を任
用することが絶対に必要であった[97]。イギリスでは 1854 年に官僚制度の実
態を調査した「ノースコート゠トレヴェリアン報告書」が国会に提出されたあ
と，公開競争試験の制度が漸進的に整備されていった。

［15］地方政府

　地方政治の課題は地方事務の適切な遂行と，住民の公共精神の涵養と知性の
発展すなわち市民の公共教育，政治教育にあった[98]。そのためには「権力を
地方に分散させること」と「知識を中央にあつめること」が必要だった[99]。

［16］ナショナリティ

　ことなるナショナリティ（国民的感情）を有するひとびとから構成された国
において，自由な制度はほとんど不可能であった[100]。同胞感情のない国民の
あいだでは，とくにことなる言語をよみかきしているばあい，代議政治の運用
に必要な統一された世論が存在しえないからである。

［17］連　邦　制

　同一の国内統治のもとで生活するのに適しなかったり，そうしたいとおもわ

なかったりするひとびとが，かれら相互間の戦争を防止して，強国の侵略にた
いして効果的に防衛するために，連邦として結合するのは，有利なことかもし
れない [101]。連邦制度を推奨しうるのは①住民のあいだに十分な量の相互の共
感があり，②各州が外国の侵略にたいする防御において，かれらの個別的な力
をたよりにしうるほどにはつよくなく，③各州のあいだで，とくにきわだった
力のちがいがないばあいである [102]。

　連邦を構成するには 2 つの方法がある [103]。連邦当局が諸政府だけを代表し
て，その法令が諸政府にのみ強制力をもつというのもよいし，連邦当局が直接
に個々の市民を拘束する法律を制定したり命令を発したりする権力をもつとい
うのもよい。とくに後者の原理はアメリカ合衆国憲法にみられる効果的な連邦
統治をうみだすものであった [104]。ミルにとって『ザ゠フェデラリスト』は連
邦統治にかんするもっとも有益な論文であった [105]。

［18］属領統治

　ミルはこれまでみてきた政治原理をイギリスの属領にも適用した。ただし，
かれはカナダやオーストラリアのように，支配国と同様の文明をもつ国民が構
成する，代議政治が可能な，それに絶好のところと，インドのように，こうし
た状態から，なお非常にへだたっているところを識別した [106]。前者には最大
限の国内自治を承認したけれども [107]，後者については，その国民の進歩を助
長するための文明化した支配国による専制を正当化した [108]。ミルによれば，
それは未開あるいは半未開の国民にたいする自由な国民の理想的な支配であっ
た。こうした思想は産業革命をへて「世界の工場」となり，自由貿易によって
アジア等を従属させたイギリスの歴史と軌を一にするものであった。

おわりに

　ミルの思想を日本につたえたのは，幕末から明治にかけて欧米に留学してか
れの思想に接したひとびとであった。中村正直（敬宇）が『自由論』第 5 章「応

用」のなかの国民教育論を「抑モ一般ニ行ハルル政府ノ教養ハ，特ニ人民ヲ鎔^{カタチ}鋳シ，互ヒニ相ヒ同一ナラシムル所以ノ器具ニ過ギズ」と訳して『自由之理』を刊行した 1872（明治 5）年は，政府が新教育制度の確立に専念していたときであった¹⁰⁹⁾。小野梓は 1885（明治 18）年に出版した『国憲汎論』のなかで，権力を地方に分散させることと，知識を中央にあつめることを主張した『代議政治論』第 15 章に依拠して「其智識は之を中央に把総し其施行は之を地方に委すと謂つべきが如し」とのべている¹¹⁰⁾。明治 20 年代以降にドイツ系の国家主義的な思想が輸入され，その影響がつよまったあと，大正デモクラシー期にふたたび，ミルの思想にたいする一般の関心がたかまった¹¹¹⁾。しかし，1931（昭和 6）年からはじまった満州事変後の「暗い谷間¹¹²⁾」の時代になると，河合栄治郎が「ミルの『自由論』を読む」を採録して 1934（昭和 9）年に出版した『ファッシズム批判』は，1938（昭和 13）年に発禁処分をうけることとなる。

　ミルは『自由論』において市民的自由あるいは社会的自由を，『代議政治論』において政治的自由あるいは政治的権利を，それぞれ主張した。これらの自由を維持・拡大していくためには，さまざまな公共精神の学校をとおして市民社会を強化していく必要があろう。

1) 　Mill, John Stuart, *On Liberty* (1859), John M. Robson ed., *Collected Works of John Stuart Mill*, Vol. XVIII (Toronto : University of Toronto Press, London : Routledge & Kegan Paul, 1977), pp. 217-218. 関口正司訳『自由論』（岩波書店，2020 年）11-13 頁。

2) 　*Ibid.*, pp. 219-220. 17-18 頁。

3) 　*Ibid.*, p. 223. 27 頁。

4) 　Warburton, Nigel, *Philosophy : The Classics*, 4th ed. (Abingdon : Routledge, 2014), p. 157. 船木亨監訳『入門哲学の名著』（ナカニシヤ出版，2005 年）169 頁。

5) 　Mill, J. S., *On Liberty*, p. 224. 関口訳 28 頁。

6) 　*Ibid.*, pp. 225-226. 32-33 頁。

7) 　*Ibid.*, pp. 226-227. 34-36 頁。

8) 　*Ibid.*, p. 228. 39 頁。

9）　*Ibid.*, p. 229. 41-42 頁。

10）　*Ibid.*, pp. 235-237. 58-63 頁。

11）　*Ibid.*, pp. 242-243. 76-79 頁。

12）　*Ibid.*, pp. 243, 247. 81, 90 頁。

13）　*Ibid.*, p. 249. 96 頁。

14）　*Ibid.*, p. 252. 104 頁。

15）　*Ibid.*, p. 253. 106-107 頁。

16）　*Ibid.*, pp. 257-258. 119 頁。

17）　*Ibid.*, p. 259. 123 頁。

18）　*Ibid.*, p. 260. 125 頁。

19）　*Ibid.*, p. 261. 127 頁。

20）　*Ibid.*, p. 270. 151 頁。

21）　*Ibid.*, pp. 274-275. 164-165 頁。

22）　*Ibid.*, p. 275. 165 頁。

23）　泉谷周三郎「J. S. ミルにおける自由原理と個性」『横浜国立大学教育人間科学部紀要Ⅲ（社会科学）』第 4 集（2002 年）16 頁。

24）　Mill, J. S., *On Liberty*, p. 276. 関口訳 168 頁。

25）　*Ibid.*, p. 277. 170 頁。

26）　*Ibid.*, p. 280. 178 頁。

27）　*Ibid.*, p. 282. 182 頁。

28）　*Ibid.*, p. 283. 186 頁。

29）　*Ibid.*, p. 284. 188 頁。

30）　*Ibid.*, p. 285. 190-192 頁。

31）　*Ibid.*, p. 286. 193-194 頁。

32）　*Ibid.*, p. 287. 196 頁。

33）　E.g. "An Act to repeal an Act of the Twenty-seventh Year of King *Henry* the Sixth concerning the Days whereon Fairs and Markets ought not to be kept [10th *June* 1850]," 13 & 14 Victoria, c. 23, *A Collection of the Public General Statutes, Passed in the Thirteenth and Fourteenth Years of the Reign of Her Majesty Queen Victoria : Being the Third Session of the Fifteenth Parliament of the United Kingdom of Great Britain and Ireland* (London : Printed by George Edward Eyre and William Spottiswoode, Printers to the Queen's most Excellent Majesty, 1850), p. 118. Mill, J. S., *On Liberty*, p. 289. 関口訳 200 頁。

34）　*Ibid.*, pp. 290-291. 203-205 頁。

35)　*Ibid.,* pp. 297-298. 221-223 頁。

36)　*Ibid.,* pp. 298-299. 223 頁。

37)　*Ibid.,* p. 299. 224 頁。

38)　*Ibid.,* p. 300. 226 頁。

39)　*Ibid.,* p. 301. 230 頁。

40)　*Ibid.,* pp. 301-302. 231 頁。

41)　*Ibid.,* p. 302. 232 頁。

42)　Do., *Considerations on Representative Government* (1861), John M. Robson ed., *Collected Works of John Stuart Mill,* Vol. XIX (Toronto : University of Toronto Press, London : Routledge & Kegan Paul, 1977), p. 374. 関口正司訳『代議制統治論』（岩波書店, 2019 年）1 頁。

43)　Cf. Mackintosh, James, *The History of England,* Vol. I (London : Longman, 1830), p. 72.

44)　Mill, J. S., *Considerations on Representative Government,* p. 376. 関口訳 4 頁。

45)　*Ibid.,* p. 380. 11 頁。

46)　*Ibid.,* p. 389. 27 頁。

47)　*Ibid.,* p. 390. 28 頁。

48)　*Ibid.,* pp. 390-391. 28-29 頁。

49)　*Ibid.,* p. 400. 43 頁。

50)　*Ibid.,* p. 403. 49 頁。

51)　*Ibid.,* p. 404. 51 頁。

52)　*Ibid.,* p. 411. 62 頁。

53)　*Ibid.,* p. 412. 63-64 頁。

54)　*Ibid.,* p. 413. 65 頁。

55)　*Ibid.,* p. 415. 69 頁。

56)　*Ibid.,* p. 418. 73 頁。

57)　*Ibid.,* p. 420. 76 頁。

58)　*Ibid.,* pp. 420-421. 77-78 頁。

59)　*Ibid.,* p. 425. 85 頁。

60)　*Ibid.,* p. 426. 87 頁。

61)　*Ibid.,* p. 428. 89-90 頁。

62)　*Ibid.,* p. 430. 92 頁。

63)　*Ibid.,* p. 432. 95 頁。

64)　*Ibid.,* pp. 433-434. 97-98 頁。

65)　*Ibid.,* p. 436. 101 頁。

66) *Ibid.*, p. 440. 107 頁。

67) Bentham, Jeremy, *Rationale of Judicial Evidence, Specially Applied to English Practice* (1827), John Bowring ed., *The Works of Jeremy Bentham*, Vol. VII (Bristol : Thoemmes, 1995), p. 385.

68) Mill, J. S., *Considerations on Representative Government*, p. 441. 関口訳 108 頁。

69) *Ibid.*, p. 446. 117 頁。

70) *Ibid.*, p. 447. 118-119 頁。

71) *Ibid.*, p. 452. 127 頁。

72) *Ibid.*, pp. 453-454. 129-131 頁。

73) *Ibid.*, pp. 457-458. 134-136 頁。

74) *Ibid.*, p. 467. 152 頁。

75) *Ibid.*, p. 468.

76) *Ibid.*, p. 469. 154 頁。

77) *Ibid.*, pp. 479-481. 170-174 頁。

78) *Ibid.*, pp. 482-483. 175-176 頁。

79) *Ibid.*, p. 486. 181 頁。

80) *Ibid.*, p. 490. 187 頁。

81) *Ibid.*, p. 496. 199 頁。

82) *Ibid.*, p. 497. 202 頁。

83) *Ibid.*, pp. 497-498.

84) *Ibid.*, p. 498.

85) *Ibid.*, p. 499. 204 頁。

86) *Ibid.*, p. 500. 206 頁。

87) *Ibid.*, p. 501. 207 頁。

88) *Ibid.*, pp. 501-502. 207-208 頁。

89) *Ibid.*, p. 504. 210 頁。

90) *Ibid.*, p. 506. 213 頁。

91) *Ibid.*, p. 507. 215 頁。

92) *Ibid.*, p. 515. 228 頁。

93) *Ibid.*, p. 516. 230 頁。

94) *Ibid.*, p. 519. 234 頁。

95) *Ibid.*, p. 523. 241 頁。

96) *Ibid.*, p. 524.

97) *Ibid.*, p. 529. 250 頁。

98）*Ibid.*, pp. 535-536. 259-260 頁。

99）*Ibid.*, p. 544. 272 頁。

100）*Ibid.*, p. 547. 278 頁。

101）*Ibid.*, p. 553. 287 頁。

102）*Ibid.*, pp. 553-554. 287-289 頁。

103）*Ibid.*, p. 554. 289 頁。

104）*Ibid.*, pp. 554-555. 290 頁。

105）*Ibid.*, p. 555. 291 頁。

106）*Ibid.*, p. 562. 302 頁。

107）*Ibid.*, p. 563. 303 頁。

108）*Ibid.*, p. 567. 310 頁。

109）Do., *On Liberty*, p. 302. 中村正直訳『自由之理』（国文学研究資料館，2012 年）378 頁。
山下重一「中村敬宇訳『自由之理』（3・完）ミル『自由論』の本邦初訳」『國學院法學』
第 48 巻第 2 号（2010 年）39 頁。

110）小野梓『国憲汎論』早稲田大学大学史編集所『小野梓全集第 1 巻』（早稲田大学出版部，
1978 年）534 頁。山下重一「小野梓とベンサム，ミル父子」『國學院法學』第 50 巻第 2
号（2012 年）68 頁。

111）杉原四郎『ミルとマルクス』（ミネルヴァ書房，増訂版 1967 年）249, 254 頁。

112）同上 256 頁。

人名索引

著 者 略 歴

下 條 慎 一

1967年　出　　生
1997年　中央大学大学院法学研究科博士後期課程退学
現　在　武蔵野大学法学部教授，博士(政治学)
主　著　『J. S. ミルの市民論』(中央大学出版部，2013年)

政治学史の展開
立憲主義の源流と市民社会論の萌芽

発行日	2021 年 3 月 25 日 初版第 1 刷
著者	下 條 慎 一
発行	武蔵野大学出版会 〒202-8585 東京都西東京市新町 1-1-20 武蔵野大学構内 Tel. 042-468-3003 Fax. 042-468-3004
印刷	株式会社 ルナテック
装丁・本文デザイン	田中眞一

©Shimojo Shinichi
2021 Printed in Japan
ISBN978-4-903281-50-6

武蔵野大学出版会ホームページ
http://mubs.jp/syuppan/